"LA AMISTAD ES EL INGREDIENTE MÁS

IMPORTANTE

EN LA

RECETA

DE LA VIDA"

DEDICADO A TODAS NOSOTRAS
ESCLAVAS 79

QUE NUESTRA AMISTAD
SIGA CRECIENDO
Y PERDURE PARA SIEMPRE
UNIDAS PARA APOYARNOS
EN LAS BUENAS
Y EN LAS MALAS

2015

MANDALAS

Tiene su origen en India y su nombre en sánscrito significa "círculo o rueda", pasando a representar su característica básica, aunque pueden ser de diferentes formas incorporando todas las figuras geométricas.

Para los Budistas, su función es la meditación. No obstante, el proceso más importante para ellos es la "creación" de éstos por ser un camino "recorrido" que muestra las vivencias del momento de quien lo diseña y siendo la vía de conexión entre el hombre y la divinidad, tanto en el proceso de creación, al tenerlo para observación o como adorno.

"Desde el punto de vista espiritual es un centro energético de equilibrio y purificación que ayuda a transformar el entorno y la mente de quien medita en ellos", explica el experto Claudio María Domínguez.

FORMAS Y SU SIGNIFICADO:

Círculo: lejanía pero también seguridad, lo absoluto y el verdadero "yo".

Cuadrado: equilibrio y estabilidad.

Triángulo: relacionado con el agua, la transformación y vitalidad.

Espiral: energías curativas

Cruz: símbolo de decisiones y se relaciona con los puntos cardinales.

Corazón: la unión, el amor, la felicidad.

La estrella: relacionada con la libertad y espiritualidad.

Pentágono: representa los símbolos de la tierra, agua y fuego, así como la forma del cuerpo humano.

Hexágono: equilibrio y unión de los contrarios.

Mariposa: relacionada con la transformación, muerte y la auto renovación del alma.

Laberinto: confusión, autorreflexión y la búsqueda del centro de uno mismo.

SIGNIFICADO DE LOS COLORES:

Negro: relacionado con la tristeza, la muerte, lo profundo, la ignorancia y el misterio.

Blanco: purificación, iluminación. Es el color de la perfección. De la nada o el todo por hacer.

Verde: relacionado con la naturaleza, esperanza, crecimiento, felicidad y libertad.

Azul: paz, alegría, serenidad y satisfacción.

Gris: calma, espera, neutralidad, sabiduría y renovación.

Rojo: energía pura vital, pasión y sensualidad.

Naranja: energía, dinamismo, ternura, valor y ambición.

Amarillo: simpatía, color del sol y la luz.

Rosado: altruismo, dulzura, paciencia.

Morado: contemplación, amor al prójimo. Idealismo y sabiduría.

Violeta: transformación, magia, espiritualidad e inspiración.

Plateado: capacidades psíquicas, emociones fluctuantes.

Dorado: sabiduría y lucidez.

POLLO HINDU

POLLO PARTIDO EN CUBOS CON SAL Y PIMIENTA

CEBOLLA CABEZONA SOFREIDA EN POCO ACEITE

LECHE DE COCO

CURRY EN POLVO

TOCINETA

CHAMPIÑONES

SE SOFRIE LA CEBOLLA PARTIDA PEQUEÑITA HASTA QUE ESTE TRANSPARENTE, LUEGO AHÍ MISMO SE SOFRIE EL POLLO HASTA QUE ESTE DORADO.

APARTE SE SOFRIE LA TOCINETA PARTIDA PEQUEÑA Y SE LE SACA LA GRASA, LUEGO SE PONEN LOS CHAMPIÑONES A SOFREIR CON LA TOCINETA.

LA LECHE DE COCO SE LICUA CON EL CURRY Y SE LE AGREGA A LA TOCINETA Y CHAMPIÑONES SE COLOCA SAL. SE PUEDE ECHAR UN POCO DE HARINA PARA ESPESAR LA SALSA Y LECHE SI SE NECESITA. SE REVUELVE CON EL POLLO.

SE ACOMPAÑA CON ARROZ BASMATI QUE SE PREPARA SOFRIENDOLO SOLO EN ACEITE, LUEGO SE LE VA PONIENDO EL AGUA POCO A POCO, SAL MARINA Y EL JUGO DE 1 LIMON. POR UNA TAZA DE ARROZ, SE PONEN 3 DE AGUA.

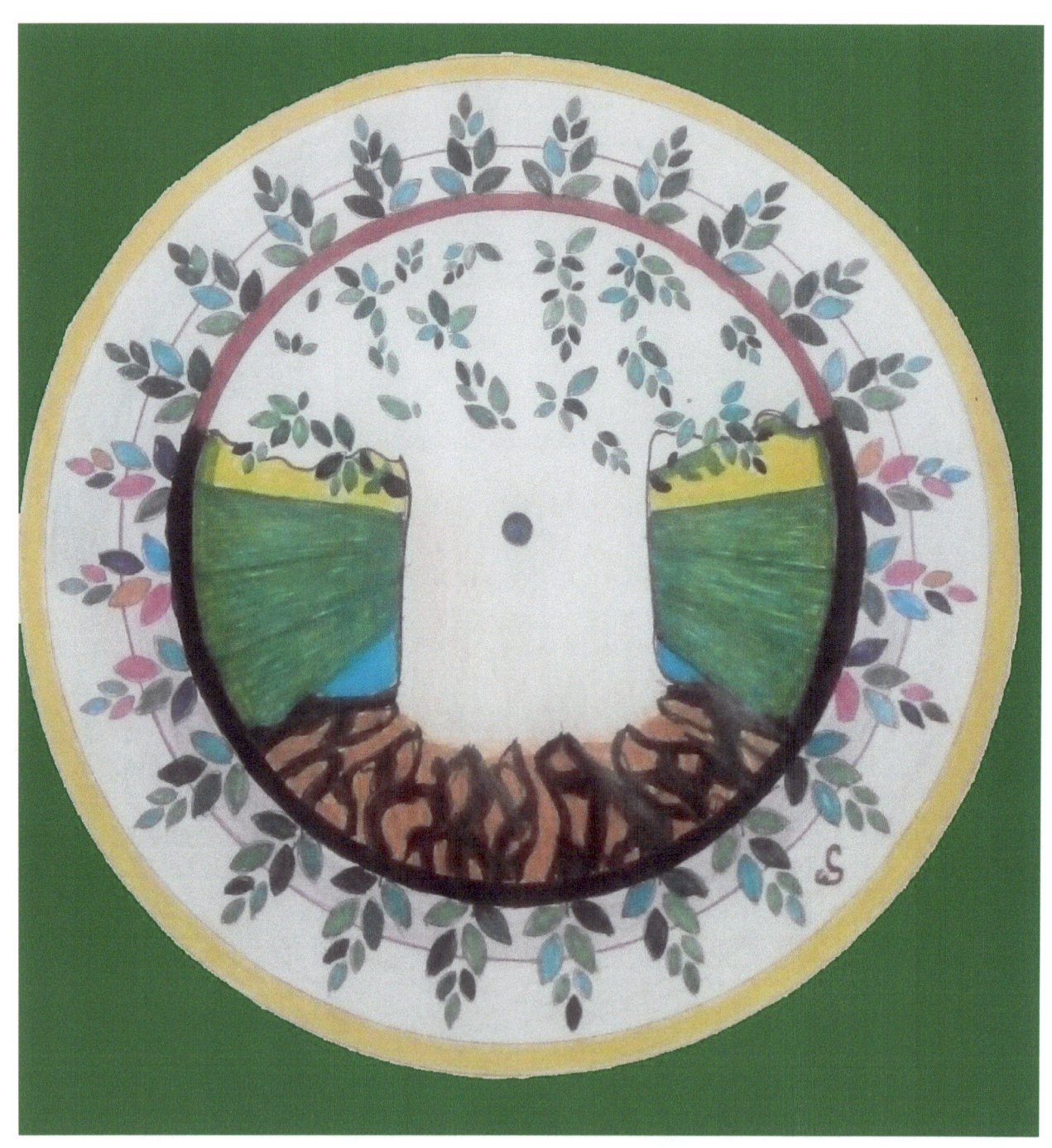

ADA C. HERNANDEZ

CEVICHE DE CAMARON

2 LBS CAMARON

1 CEBOLLA ROJA GRANDE CORTADA EN PLUMAS

7 LIMONES

AJI

SALSA DE TOMATE

LA CEBOLLA PARTIDA EN PLUMAS SE PONE EN UN PLATO HONDO CON EL JUGO DE 2 LIMONES. AGUA Y SAL. SE DEJA 2 HORAS, SE LE AGREGA CILANTRO.

EN UN RECIPIENTE SE PONEN LOS CAMARONES CON EL JUGO DE 4 A 5 LIMONES 2 HORAS ANTES DE SERVIR, SE LE SACA EL AGUA A LA CEBOLLA Y SE REVUELVE CON LOS CAMARONES, SE LE AGREGA AJI Y SALSA DE TOMATE POCO A POCO.

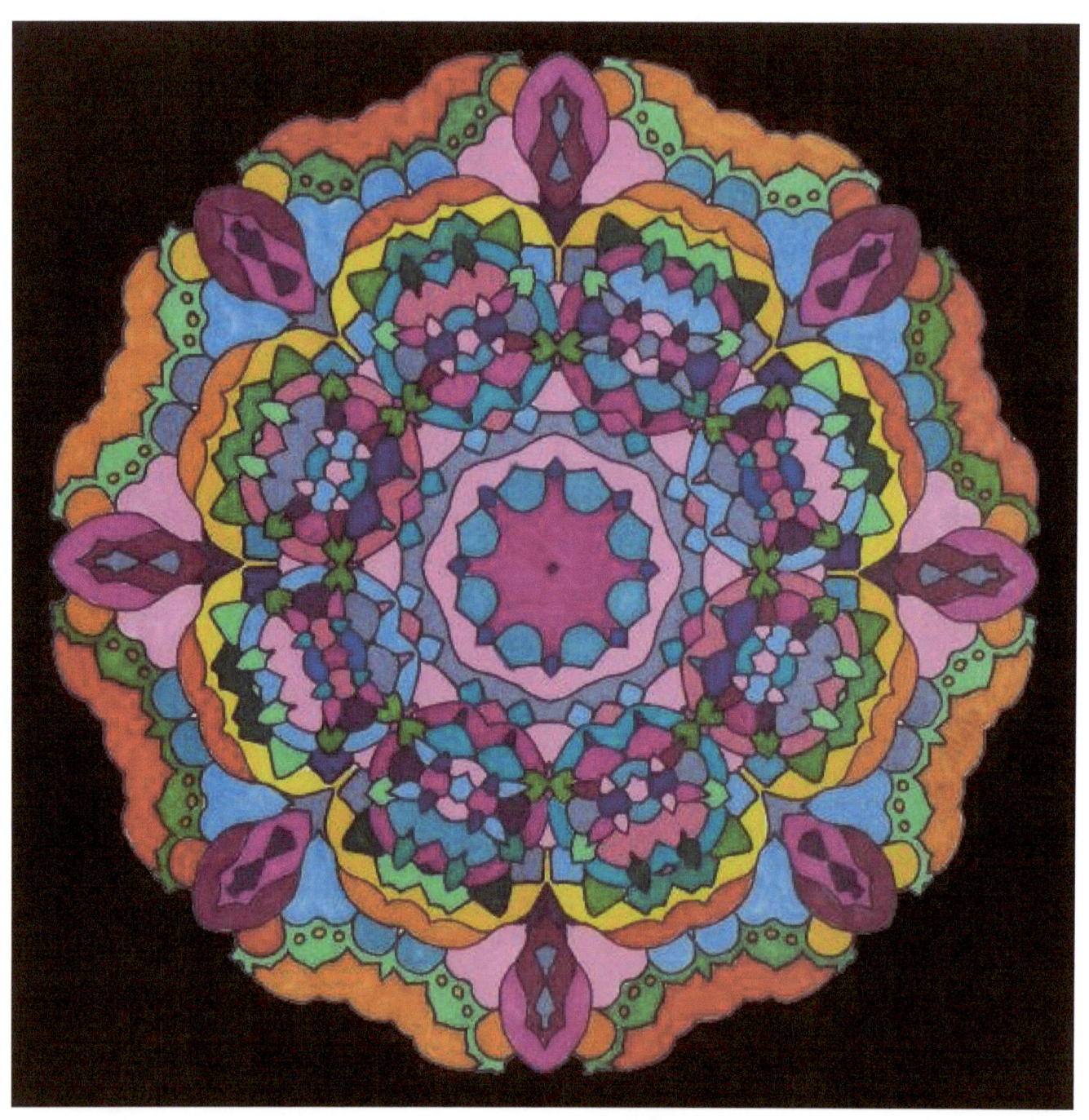

ESMERALDA TORRES

TORTA DE ZANAHORIA

SE LICUAN 2 ZANAHORIAS GRANDES, PARTIDAS EN TROZOS   ,

UN QUESO CAMPESINO

 UNA CUAJADA

4 HUEVOS

1 CUCHARADA DE HARINA DE TRIGO

AZUCAR MORENO

UN POCO DE MANTEQUILLA DERRETIDA Y UN POCO DE LECHE.

SE LICUA TODO BIEN Y SE METE AL HORNO, SE AÑADEN UVAS PASAS.

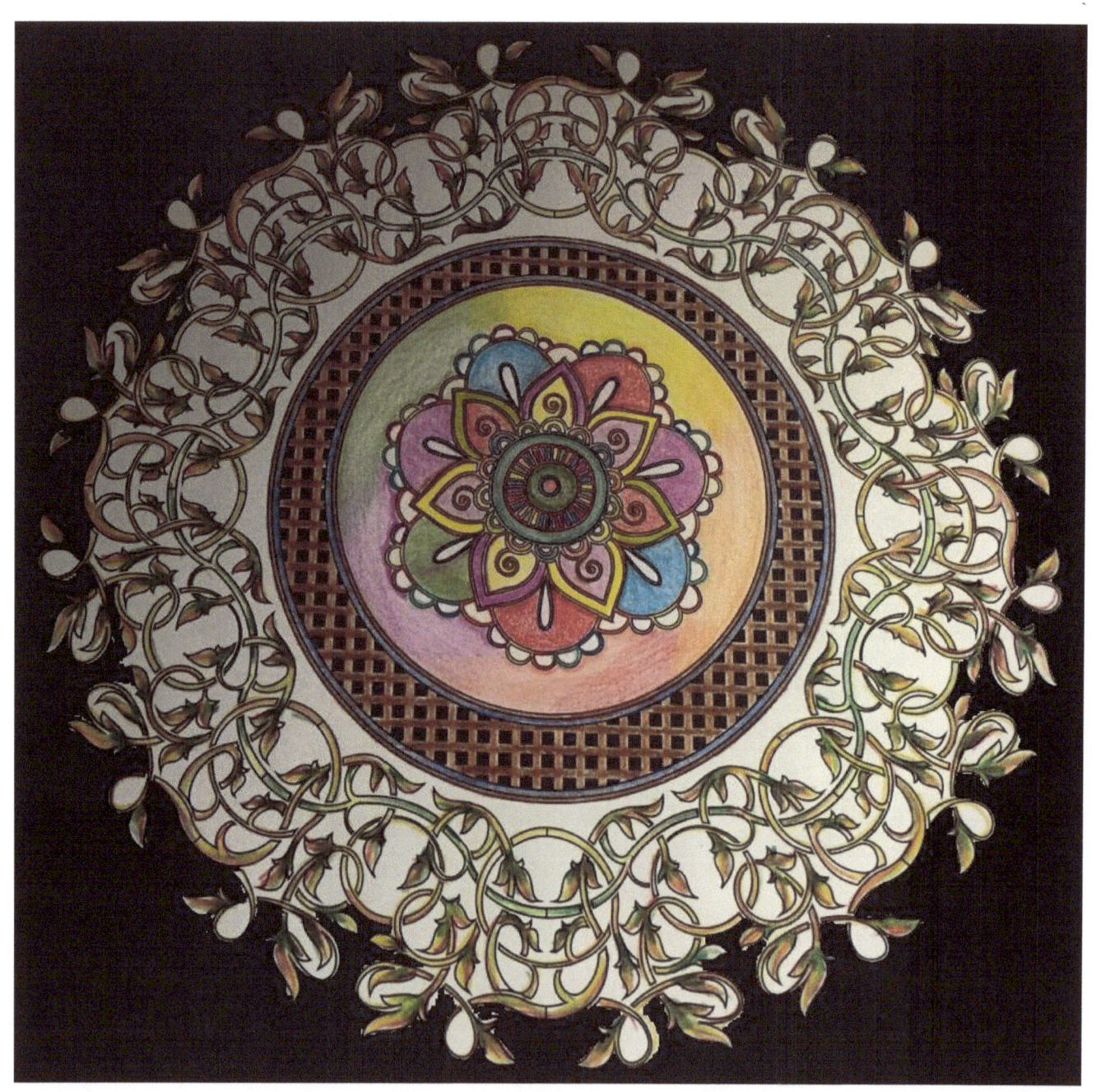

MARCELA ANZOLA

SALSA ESPAGUETIS

CARNE MOLIDA CON CEBOLLA CABEZONA PICADA MUY FINA,

SAL MARINA Y DE LA OTRA, SE DEJA POR LO MENOS UNA HORA.

SE PONE A SOFREIR CON ACEITE DE OLIVA. SE LE AGREGAN 2 O 3 TOMATES FINAMENTE PICADOS Y CON OREGANO.

APARTE SE PONEN A COCINAR 8 A 10 TOMATES MADUROS GRANDES CON ALBAHACA FRSCA Y OREGANO.

 CUANDO YA ESTAN COCINADOS SE LICUAN Y SE PONEN A CONSERVAR A FUEGO LENTO, SE RECTIFICA LA SAL Y SE AGREGA MAS ALBAHACA.

CUANDO EMPIEZA A ESPESAR, SE LE AGREGA CREMA DE LECHE.

CUANDO LA CARNE YA ESTA COCINADA SE MEZCLA CON ESTA SALSA, Y SE AÑADEN CHAMPIÑONES. Y LISTO.

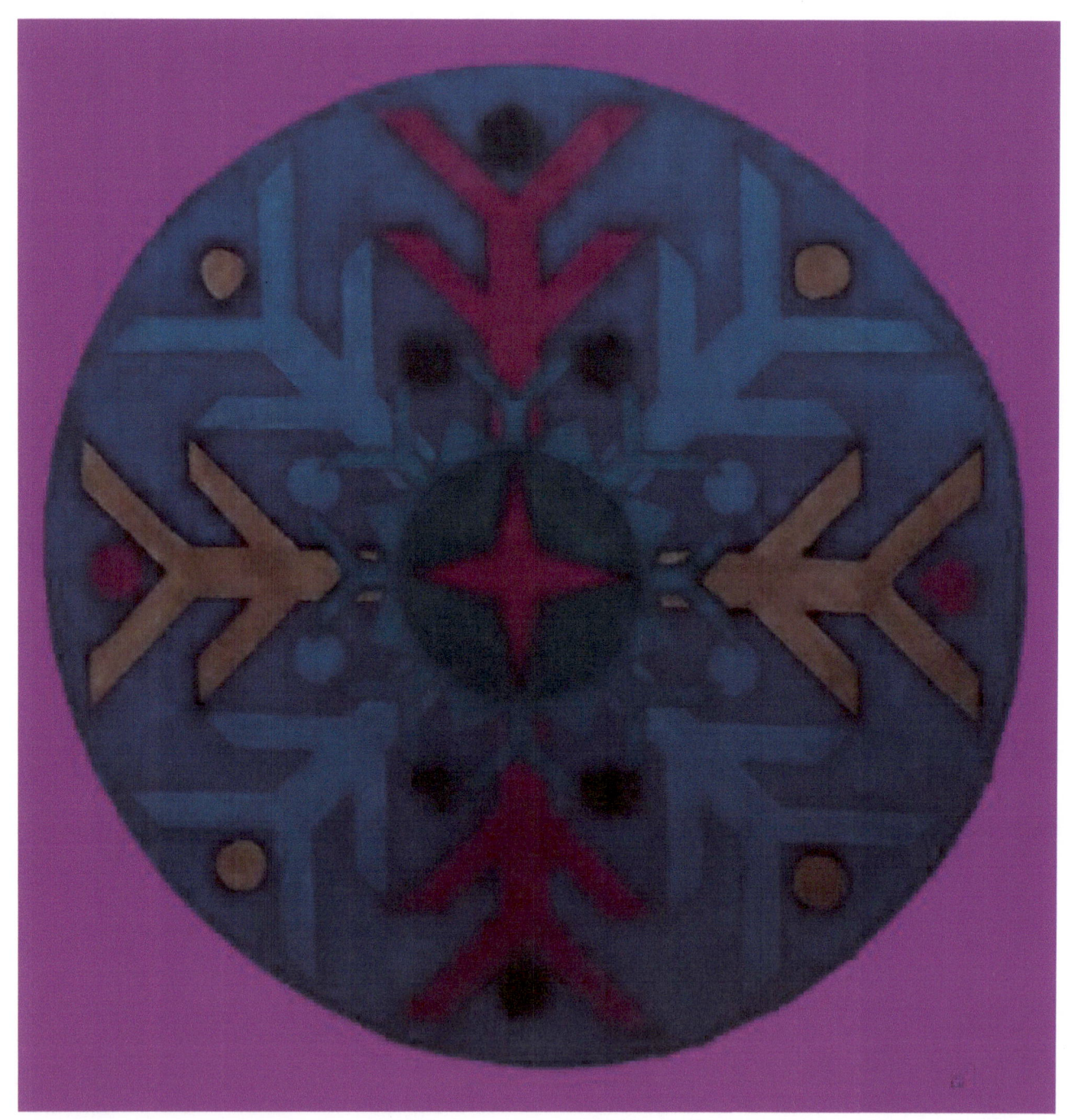

ANA MARIA AVILA

POLLO AL CURRY, PIÑA Y ARROZ

PARA UNA PORCION

5 ONZAS DE PECHUGA DE POLLO ASADA CORTADA EN CUADROS.

3 CUCHARADAS DE PIÑA NATURAL CORTADA EN CUADROS (O UVAS PASAS)

1 CUCHARADA DE NUECES O ALMENDRAS

2 CUCHARADAS MAYONESA LIGHT

1/8 CDITA CURRY EN POLVO

1/8 CDITA PIMIENTA NEGRA

3/4 TAZA ARROZ INTEGRAL YA PREPARADO

1 ½ TAZA LECHUGA ROMANA PICADA

MEZCLE EL POLLO CON LA PIÑA (O UVAS PASAS) LA MAYONESA EL CURRY Y LA PIMIENTA.

MEZCLE CON EL ARROZ Y SIRVA BIEN CALIENTE SOBRE LA CAMA DE LECHUGA.

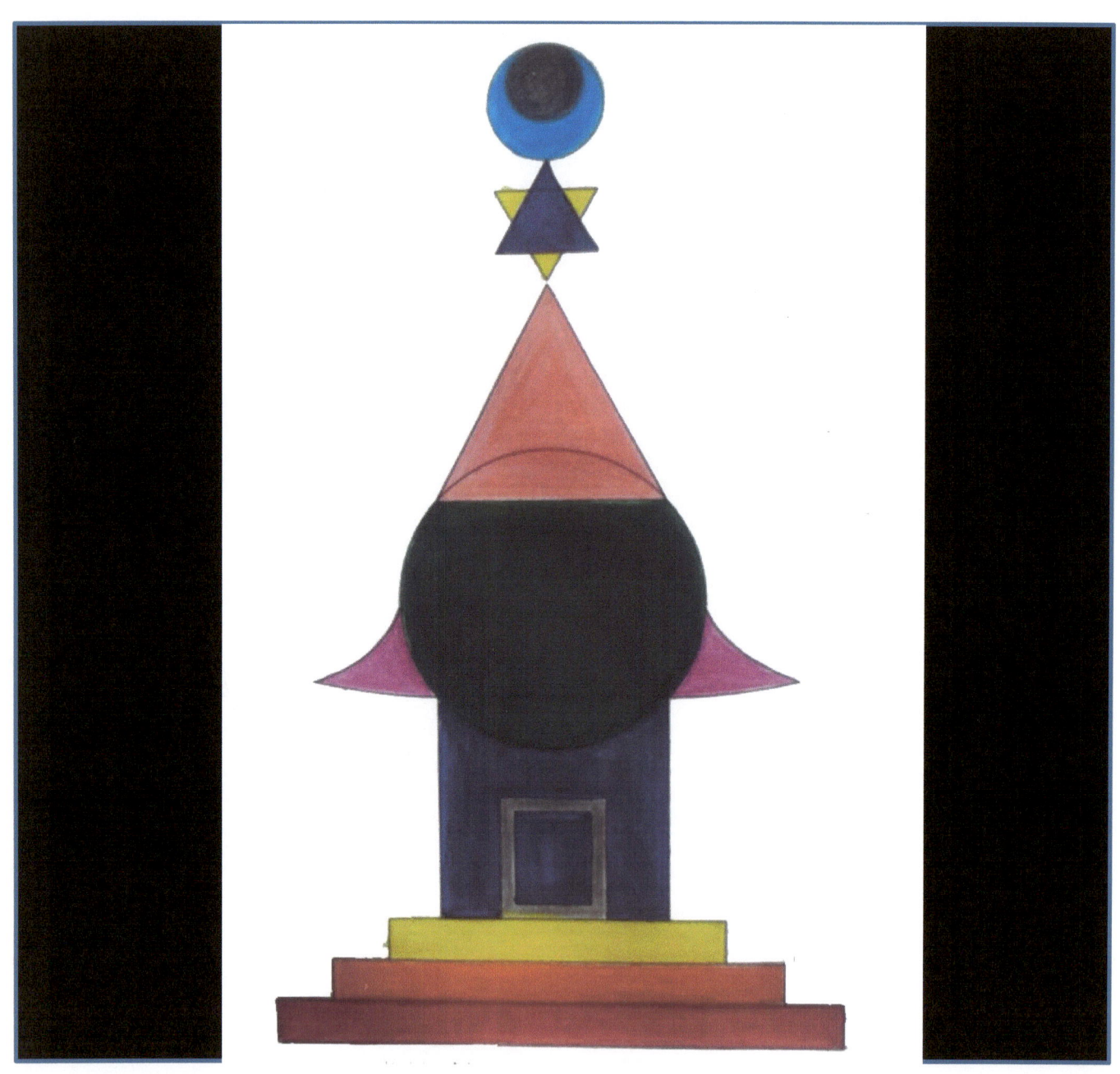

CLAUDIA URREGO

PASTA ARROCITO

PECHUGA DESMENUZADA, COCINADA EN SUFICIENTE AGUA CON CEBOLLA, AJO, ZANAHORIA, RAMA DE APIO, SAL PARA QUE QUEDE EL CALDO PARA SECAR LA PASTA ARROCITO.

TOCINETA PARTIDA EN TROZOS PEQUEÑOS, FRITA YA SIN GRASA.

JAMON EN TIRAS.

HABICHUELA EN TROZOS, COCINADA

ZANAHORIA EN CUADRITOS, COCINADA

PIMENTON EN TIRAS, PREVIAMENTE ASADO.

QUESO PARMESANO.

SE PONE A HACER LA PASTA ARROCITO COMO EL ARROZ, SE LE VA AGREGANDO EL CALDO DEL COCIMIENTO DE LA PECHUGA, Y SE ESPERA HASTA QUE SEQUE.

EN UNA REFRACTARIA ENGRASADA CON UN TRIS DE MANTEQUILLA, SE ARMA UN MOLDE POR CAPAS, ARROCITO, CARMES, VERDURAS, ARROCITO, ETC. SE CUBRE CON QUESO PERMESANO Y SE METE AL HORNO PARA QUE EL QUESO DORE UN POCO.

SE SIRVE BIEN CALIENTE. ES PLATO UNICO.

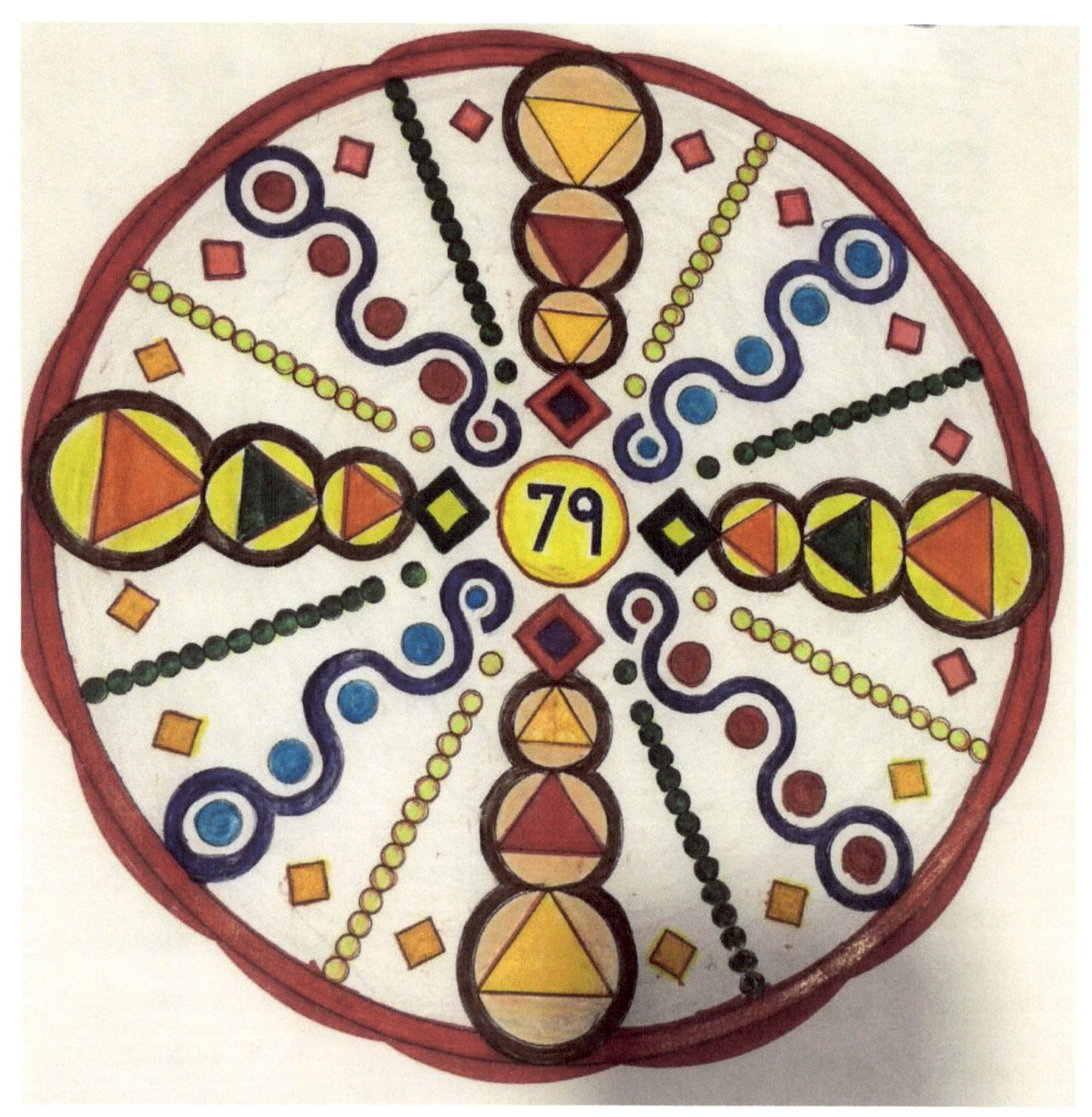

MARIA VICTORIA ORAMAS

ROLLITOS DE POLLO

INGREDIENTES (6 personas)

6 filetes de Pechuga de Pollo

125 grms de mantequilla (no margarina)

8 cucharadas de queso parmesano

8 cucharadas de miga de pan

6 tiras muy delgaditas de tocineta (a gusto)

PREPARACION

1. Marinar los filetes delgados con sal y pimienta al gusto

2. Derretir la mantequilla

3. Mezclar el queso parmesano y la miga de pan

4. Engrasar un molde

5. Sumergir los filetes en la mantequilla derretida y luego pasarlos por la mezcla del queso parmesano y miga de pan

6. Colocar en medio de cada filete un tirita delgadita de tocineta y **enrollar**

7. Colocar los rollitos en el molde engrasado

8. Hornear a 350 grados centígrados o 180 grados Fahrenheit durante 1 hora aproximadamente.

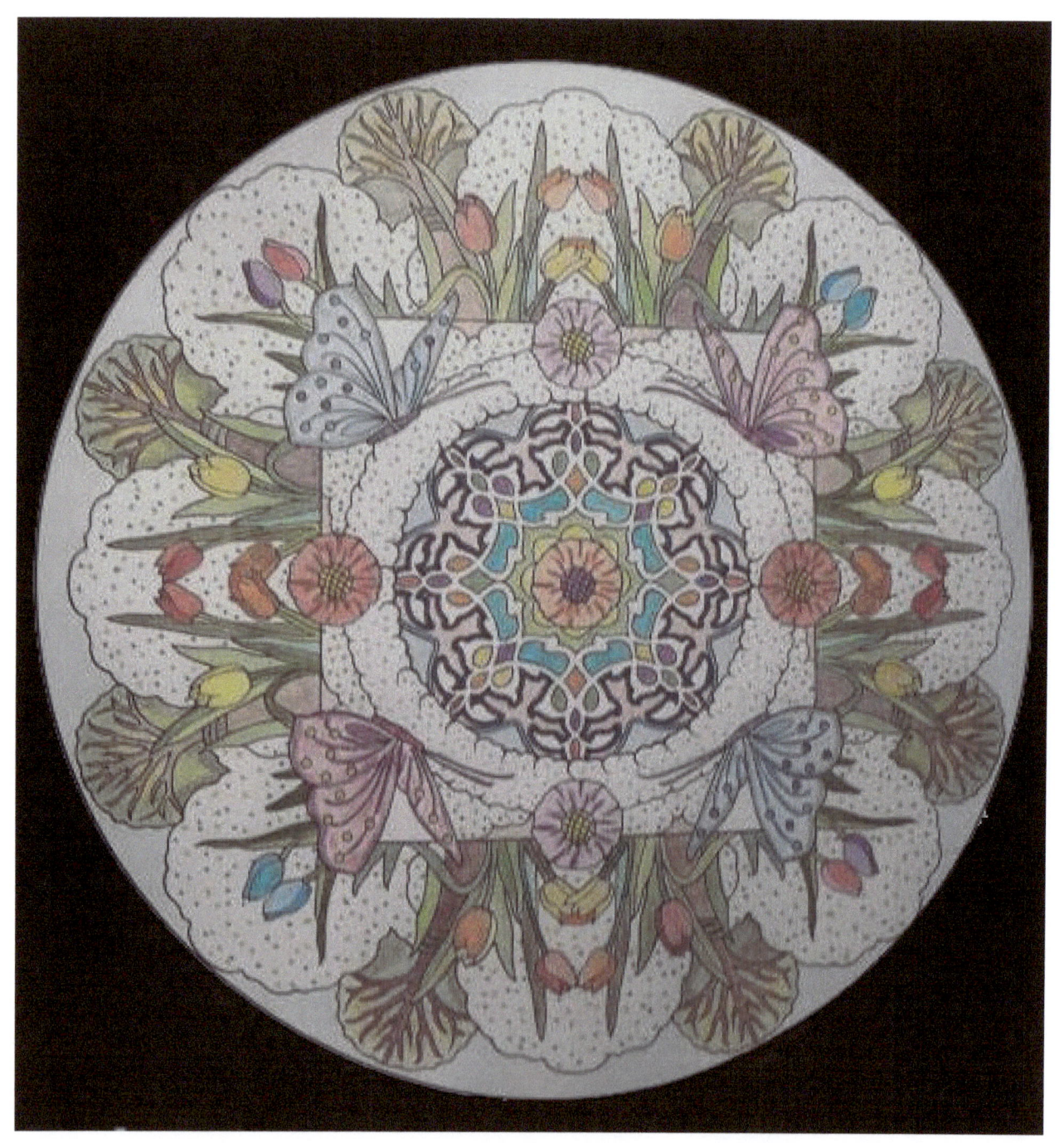

PILAR SOLANO

PAELLA DE MARISCOS

CALDO DE POLLO:

- Costillares de Pollo
- Laurel -Tomillo – AJO – Pimienta - Zanahoria – Cebolla Larga – Sal – Azafrán de Raíz (1/2 bolsita)

CALDO DE CASCARAS DE LANGOSTINOS:

- Bastantes Cabezas y Cáscaras de Langostinos .
- Se pelan crudos, se lavan las cáscaras y se echan en agua hirviendo.
- Laurel – Ajo suficiente – Pimienta – Apio – Zanahoria – Cebolla Cabezona Morada – Azafrán de Raíz (1/2 bolsita) – Sal
- Caldo Marinero, varios sobres.
- Cocinar mínimo 45 minutos.
- Licuar y cernir.
-

SE MEZCLAN LOS DOS CALDOS Y SE DEJAN A FUEGO MEDIO.

EN LA PAELLAERA:

- Se calienta la paellera.
- En Aceite de Oliva y Mantequilla se sofríe:
    1. Cebolla Cabezona Morada picada
    2. Ajo suficiente
    3. Pimentón Rojo y Verde picados
    4. Tomate Maduro sin pepas y sin cáscara picado
    5. Zanahoria picadita
    6. Arveja
- Se agrega el Arroz sin lavar y se revuelve bien hasta que dore
- Se agregan los Caldos, se prueba de Sal y se revuelve muy bien (2x1)
- Se agregan los Calamares (Anillos y Trozos), se revuelve bien (deben cocinarse por más de 45 minutos)
- Cuando seca (haciendo burbujas), se baja la temperatura y se colocan los camarones, los mejillones y los langostinos (previamente salteados en mantequilla con ajo, sal y pimienta)
- Se hace una Cruz en la paella
- Se colocan tiritas de pimentón rojo y verde (decorando
- Se rocea con suficiente aceite de oliva
- Se rocea con un poco de perejil y se le colocan algunas rodas de limón
- Se tapa con papel de aluminio

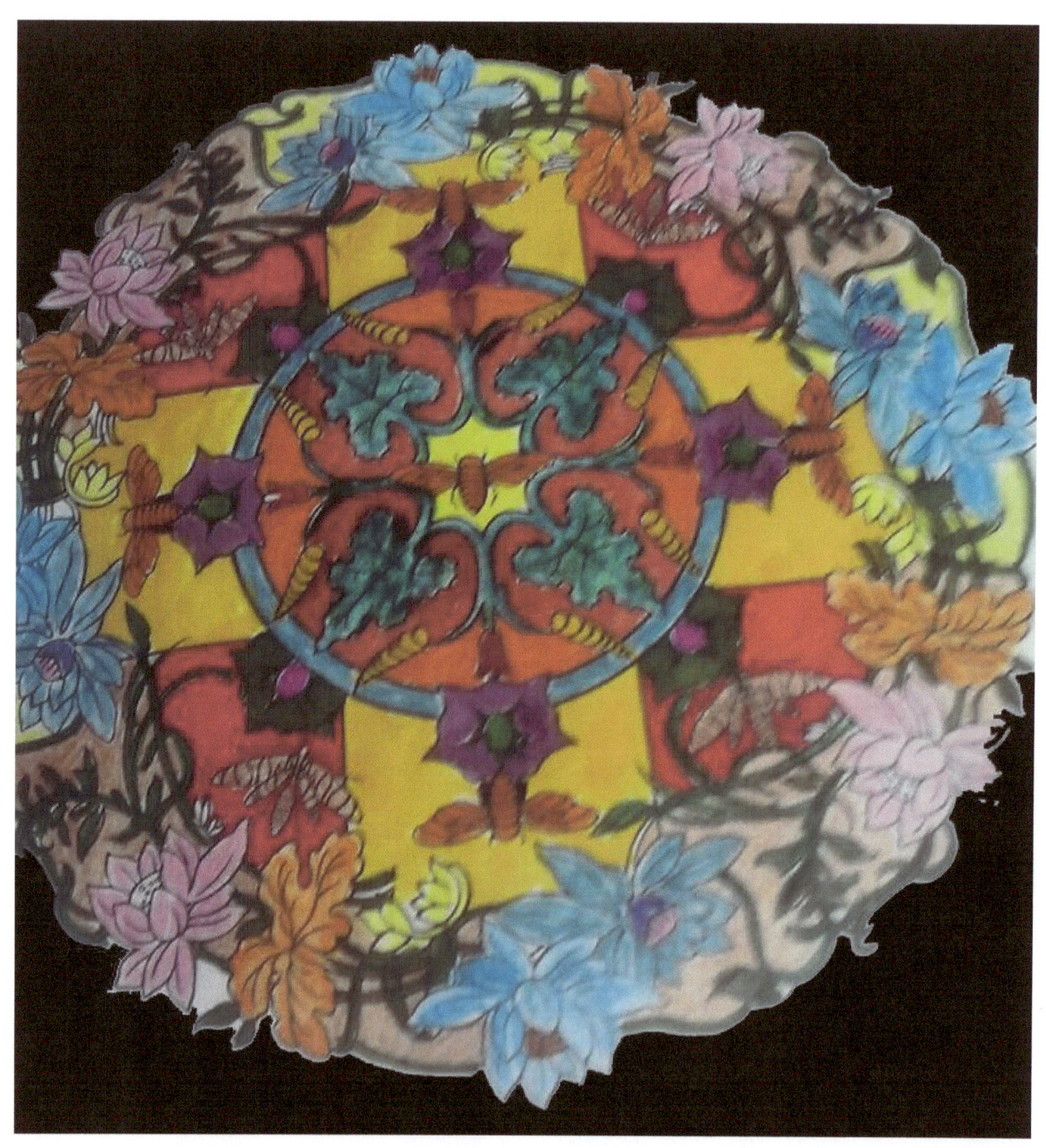

CLAUDIA HELENA GONZALEZ

POSTRE

LIMON Y GALLETAS DUCALES

1 PAQUETE DE GALLETAS DUCALES

1 TARRO LECHE CONDENSADA

1 TARRO DE CREMA DE LECHE

½ TAZA JUGO LIMON

SE LICUA LA LECHE CONDENSADA Y LA CREMA DE LECHE, SE VA AGREGANDO EL JUGO DE LIMON POCO A POCO SE LICUA HASTA QUE ESPESE.

SE COLOCA EN UN MOLDE UNA CAPA DE GALLETAS Y UNA CAPA DE LA MEZCLA HASTA ACABAR, SE METE A LA NEVERA POR 15 MINUTOS.

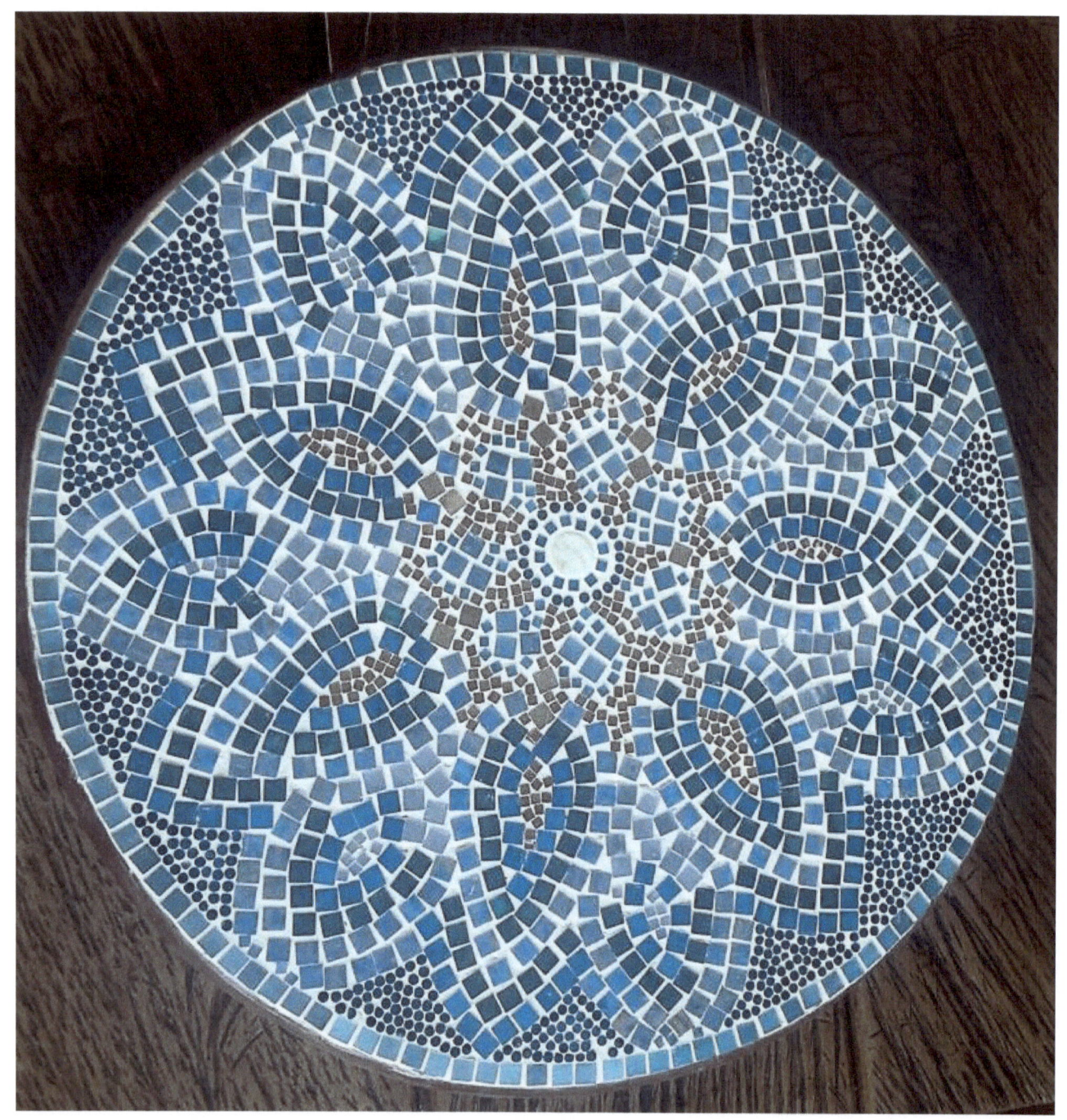

PILAR FALLA

POSTRE

TRES LECHES

1 TARRO DE LECHE CONDENSADA

1 TARRO DE CREMA DE LECHE

1 TARRO DE LECHE ENTERA

4 HUEVOS

VAINILLA

SE LICUA TODO Y SE LLEVA AL HORNO EN UNA REFRACTARIA MAS O MENOS 45 MNUTOS, HASTA QUE EL CUCHILLO SALA LIMPO. SE PUEDE TAPAR CON PAPEL ALUMINIO PARA QUE COCINE MAS RAPIDO.

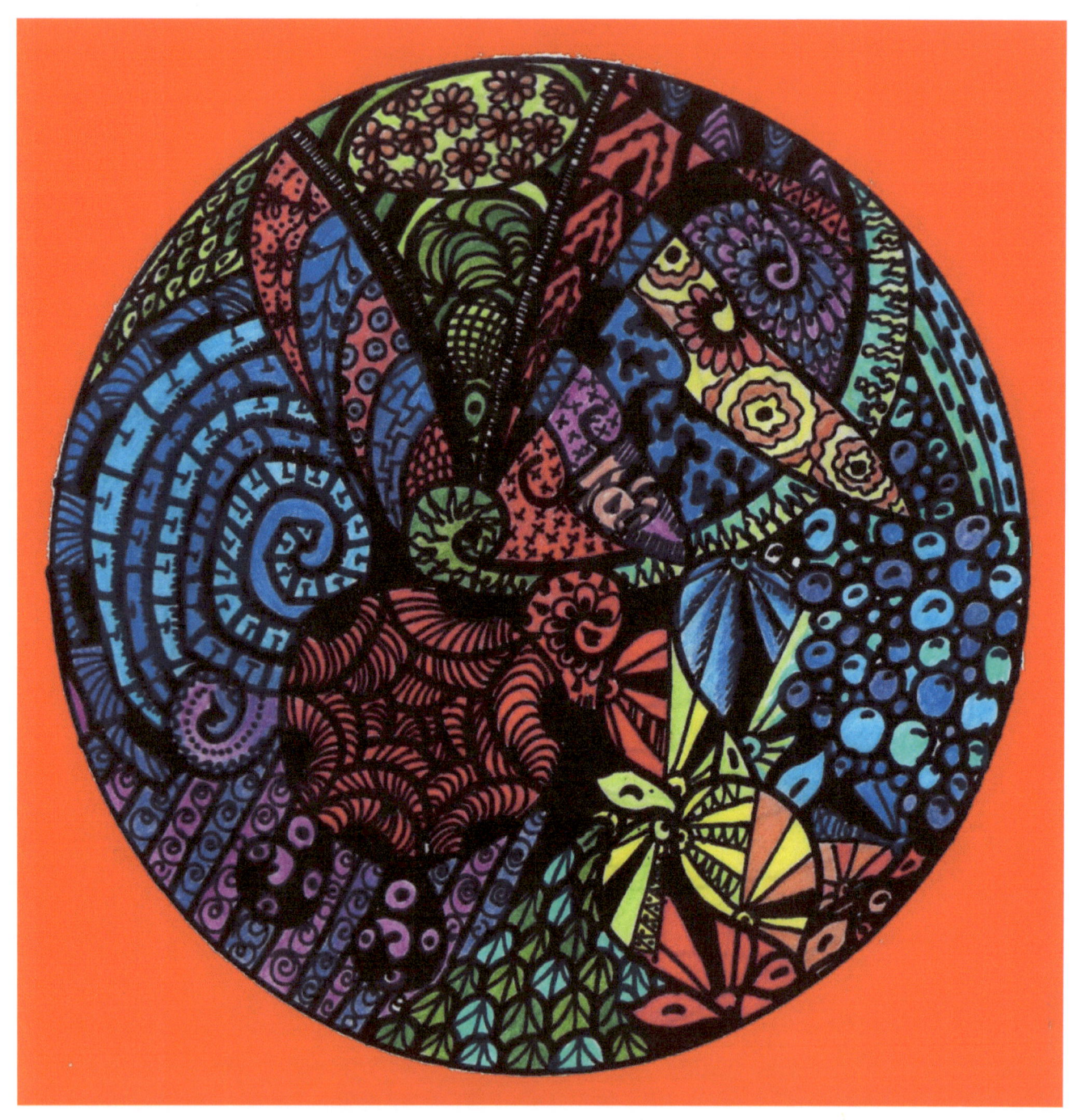

MARTHA V. ALVARADO

ARROZ CANTONÉS

4 personas

Tiempo de preparación: 20 minutos
Ingredientes:
- 300 g de arroz integral
- 100 g de guisantes
- 1/2 cebolla
- 100 g de jamón york
- 3 huevos
- 100 g de gambas
- pimentón picante
- aceite de oliva
- 3 cucharadas de salsa de soja
- sal

Preparación:

Primero cocemos el arroz, yo lo hice en la olla rápida 6 minutos. Hacemos una tortilla con los tres huevos y cortamos en tiritas. Cortamos la cebolla en juliana y rehogamos con las gambas peladas durante 2 minutos. Le añadimos el pimentón. A continuación añadimos los guisantes y el jamón york y rehogamos otros 2 minutos. Por último la tortilla, el arroz, la salsa de soja y rehogamos otros 2 minutos. Se puede acompañar con salsa agridulce.

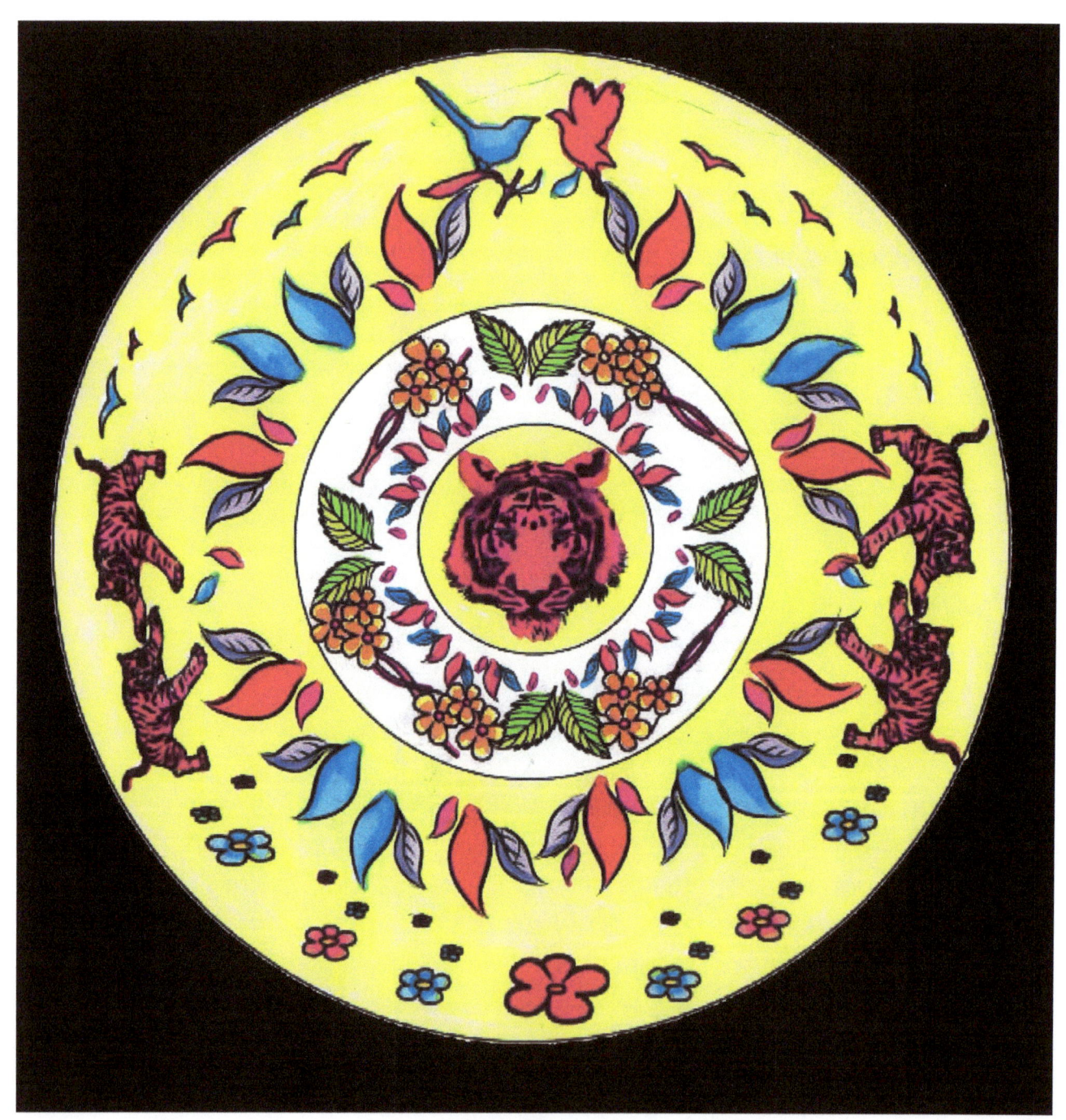

MA. CONSUELO ROBAYO

POSTRE

CREMA DE MOKA

1 TAZA DE CAFÉ BIEN CONCENTRADO SIN DULCE (COLCAFE)

1 CAJA GALLETAS SULTANA

1 FRASCO GRANDO DE CREMA DE LECHE

1 CUCHARADA CAFÉ GRANULADO

3 CUCHARADAS DE AZUCAR O STEVIA

BATIR LA CREMA DE LECHE CON 1 CDA DE CAFÉ GRANULADO Y EL AZUCAR HASTA QUE CREZCA.

SE VA ARMANDO UN MOLDE, MOJANDO RAPIDAMENTE LAS GALLETAS EN EL CAFÉ CONCENTRADO , SE VA COLOCANDO UNA CAPA DE GALLETAS MOJADAS Y UNA DE LA CREMA BATIDA. Y ASI SUCESIVAMENTE.

SE LLEVA AL CONGELADOR.

SE LE COLOCAN ALMENDRAS TAJADAS TOSTADAS.

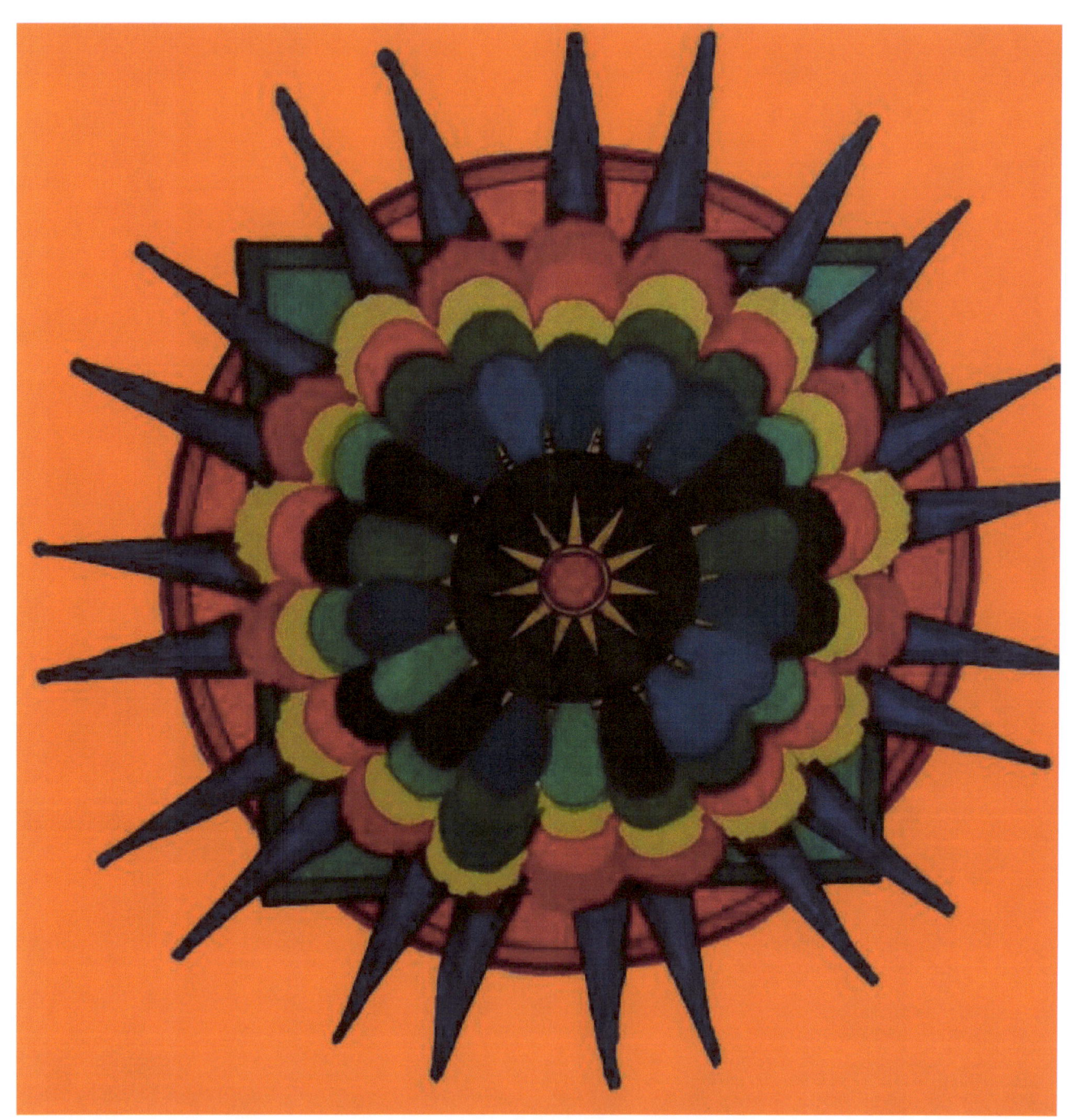

ANA MARIA AVILA

BIZCOCHUELO DE QUINUA AL CHOCOLATE

Ingredientes - 200 gramos de mantequilla, 250 gramos de azúcar, 5 yemas, 5 claras, 4 tazas de harina de trigo, 4 tazas de harina de quinua, 2 cucharadas de polvo de hornear, 2 cucharadas de cacao semi amargo, 2 tazas de leche fresca, 1/2 vasito de licor.

Preparación - Mezclar el azúcar con la mantequilla hasta obtener una crema, añadir las yemas y seguir batiendo. Mezclar a parte la harina de trigo, la de quinua, el polvo de hornear, el cacao. Añadir a la preparación anterior agregando poco a poco la leche apenas tibia. Batir las claras a punto de nieve e incorporar suavemente al último batido. Continuar incorporando algunas gotas de extracto de vainilla y el medio vasito de licor. Verter la mezcla en un molde enmantecado y forrado con papel manteca. Hornear a temperatura de unos 160ºC durante 40/50 minutos.

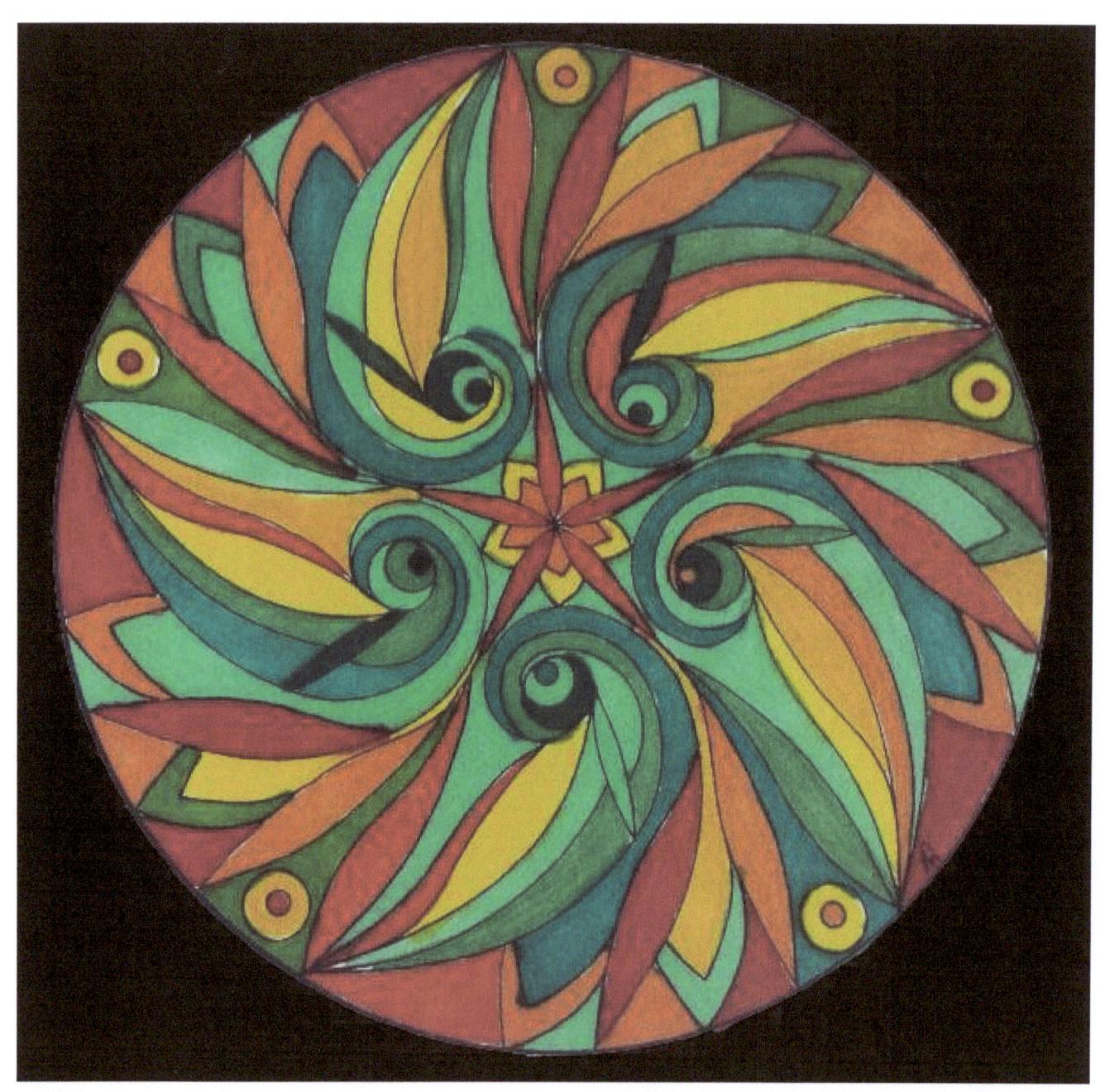

ESMERALDA TORRES

CAPONATA PARA 4 PERSONAS

Ingredientes:
2 berenjenas
1 cebolla
1 tallo de apio
500 grs de tomate pelado y picados
Aceite de oliva
125 ml de vinagre de vino tinto
1 cucharada de azúcar
1 frasco pequeño de aceitunas deshuesadas y espichadas
1 cucharada de alcaparras
2 cucharadas de perejil fresco picado
Pimienta y sal

Preparación

Cortar las berenjenas en cuadros de 2 cm, luego cada rodaja en 4 o 6 pedazos; sálela, deje reposar un rato, juague y seque.

Corte en julianas gruesas la cebolla; sofríala en aceite hasta que este traslucida.

Corte el apio en rodajas inclusive con las hojas y agréguelo a la cebolla, sofría. Agréguele el tomate y que cocine unos 8 min o hasta que el tomate este bien cocinado.

Agregue el vinagre, azúcar, aceitunas y alcaparras; deje cocinar; revuelva con regularidad a fuego lento.

Caliente a fuego medio el aceite en un caldero profundo lo suficiente para que cubra la berenjena fríala por unos 5 min. revolver de vez en cuando para que se cocine bien y doren, retírelas y deje escurrir.

Agregue la berenjena al tomate, apio y cebolla, sazonar, mezclar y revisar sabores. Agregar el perejil.

Deje reposar antes de servir.

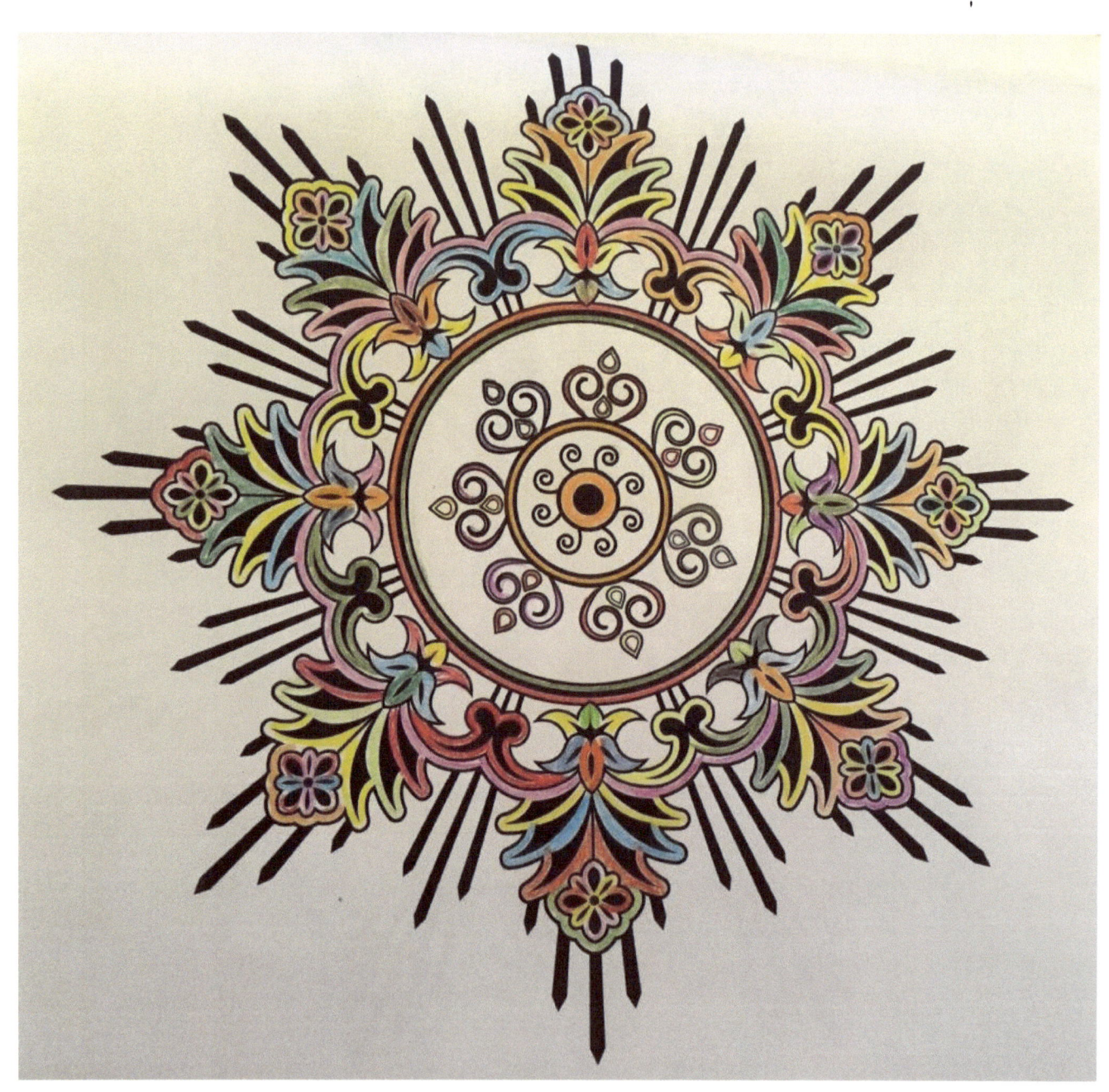

MARCELA ANZOLA

ENSALADA WALDORF

Ingredientes para cuatro personas

1 Lechuga
2 Manzanas
100 grs. de nueces
50 grs. de uvas pasas
2 Tallos de apio
1 Limón
1 Cucharada de vinagre
2 Cucharadas de miel de abejas
100 grs. De mayonesa
100 grs de crema de leche
Sal y pimienta al gusto

Preparación

Limpiar la lechuga y cortar. Picar las nueces. Lavar y secar bien el apio y cortarlo, hacer lo mismo con las manzanas y cortarlas, cuando estén listas, ponerlas en agua acidulada con el zumo de medio limón para evitar que se oxiden. Organiza la ensalada en un bowl grande o ensaladera, hacer una cama con las lechugas y colocar las manzanas escurridas y secas, las nueces, las uvas pasas y el apio. Decorar con manzanas laminadas y cubrir con el aderezo.

Aderezo: Diluir la mayonesa con el zumo de limón restante, la miel, la crema de leche y el vinagre, agitar con batidor de globo, agregar la sal y la pimienta.

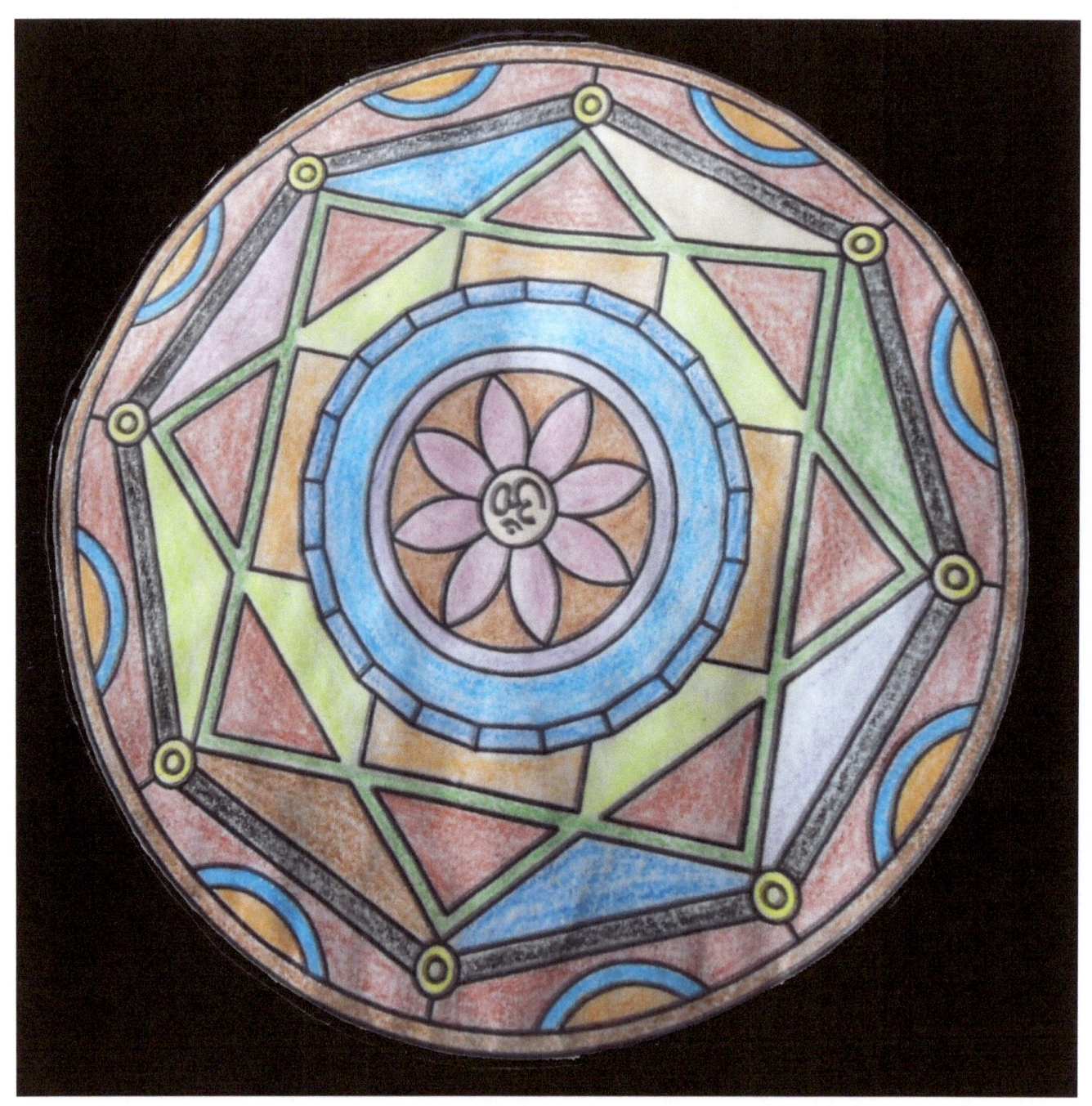

CLAUDIA MORENO

ARROZ CON TOCINETA Y CHAMPIÑONES

4 personas

Tiempo de preparación: 30 minutos
Ingredientes:
- 400 gr de arroz
- 12 lonchas de tocineta
- 1 lata de champiñones
- 1 pimiento verde
- 2 ajos
- Sal

Preparación:

Se sofríen los ajos laminados, el pimiento en tiritas finas y la tocineta en trocitos. Cuando ya está todo sofrito, se añade el arroz, el agua(conviene utilizar el caldo de los champiñones) y la sal. Se deja cocer unos 10 minutos, y entonces se añaden los champiñones y se deja cocer otros 10 minutos. Se puede acompañar con salsa de soya.

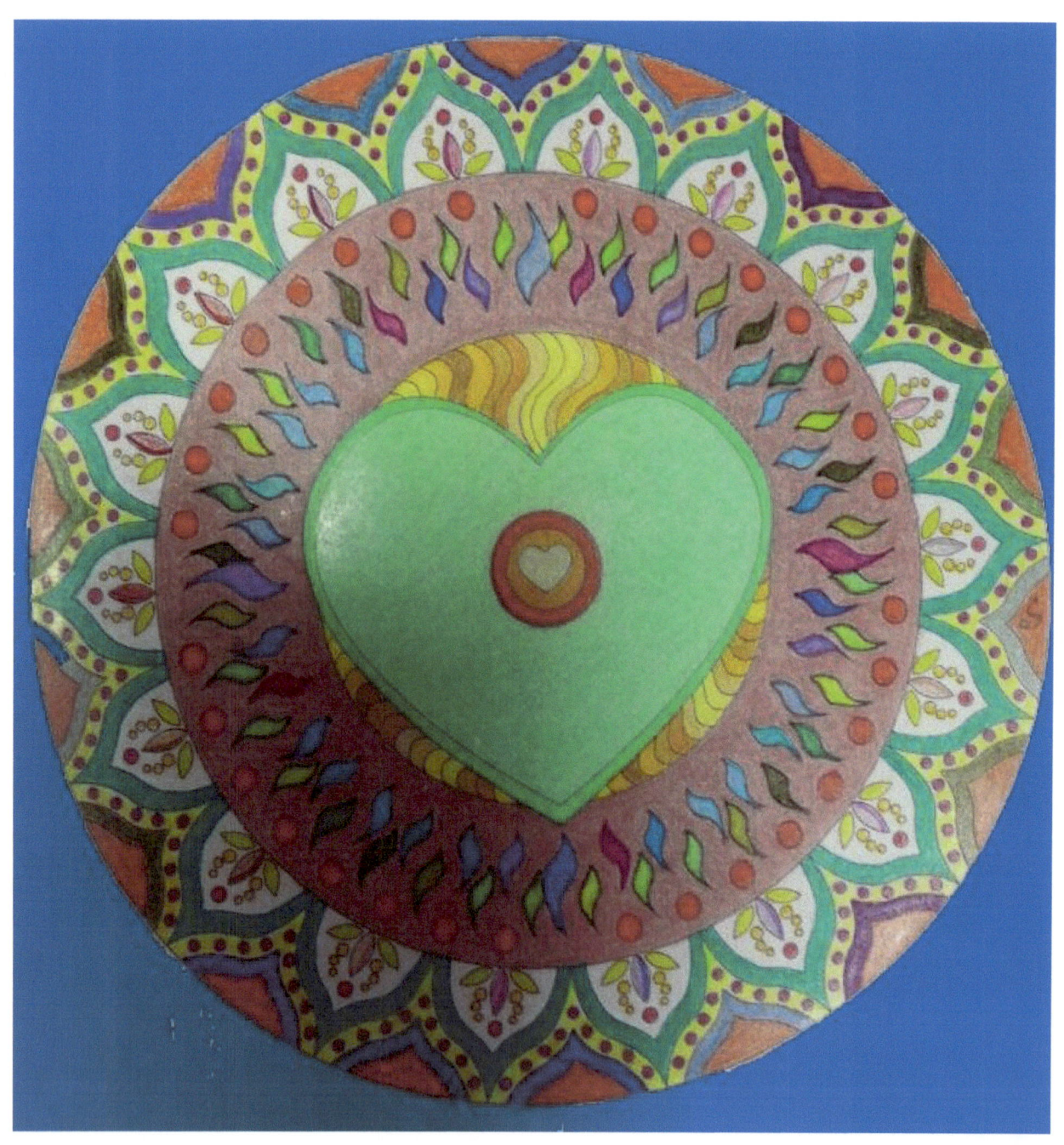

PILAR SOLANO

MERMELADA DE UVAS

Ingredientes

2 libras de uvas

450 grs de azúcar

Jugos de dos limones

Después de la lavarlas uvas, pelar y quitar las semillas se colocan en una olla a fuego medio, se le adiciona el azúcar y el limón y se revuelve con cuchara de madera hasta que la mezcla quede como una mermelada. Alrededor de una hora.

Se esteriliza un frasco de vidrio y se envasa.

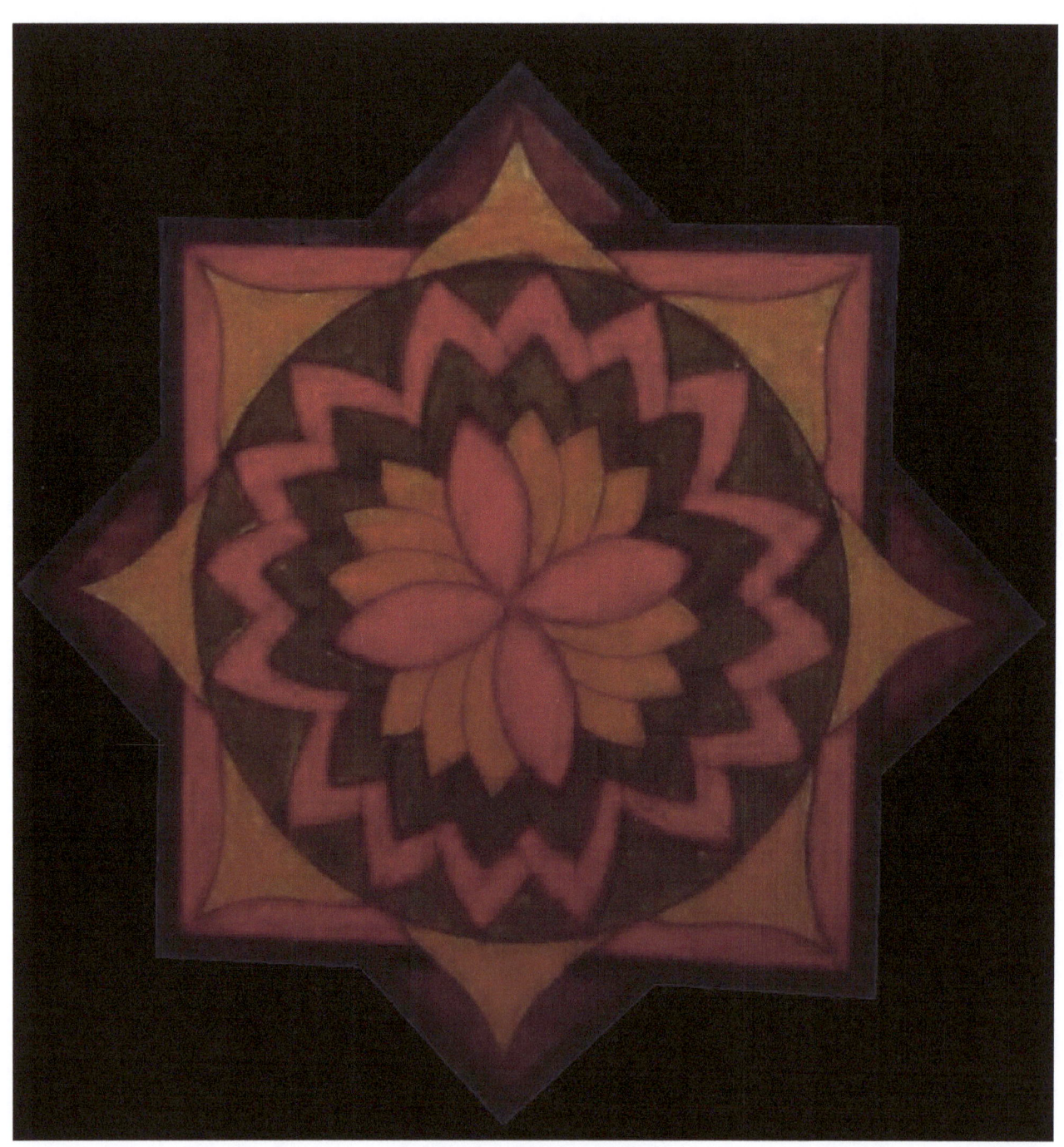

ANA MARIA AVILA

ENSALADA LIONESA

Ingredientes para cuatro personas

4 Huevos cocidos
2 Tazas de Croutons
1 Lechuga
Hojas de espinaca
4 filetes de pescado blanco (róbalo, corvina)
125 grs. de tocineta
Sal, pimienta, jugo de limón al gusto.

Preparación:

Marinar los filetes cortados en cubos en el jugo de limón, sal y pimienta. Cortar los huevos en cruz. Lavar al lechuga y secar bien las hojas. Escurrir los filetes y dorar ligeramente junto con la tocineta. Mezclar todos los ingredientes en una ensaladera, reservando los huevos y los croutons para decorar. Sal pimentar y servir con el aderezo.

Ingredientes para el aderezo:

20 grs. de ciboulette picada
20 grs. de perejil picado.
6 cucharadas de aceite de oliva
2 cucharadas de mostaza dijon
2 cucharadas de vinagre de vino

Preparación

Mezclar los ingredientes excepto el aceite. Agregar lentamente el aceite si dejar de batir.

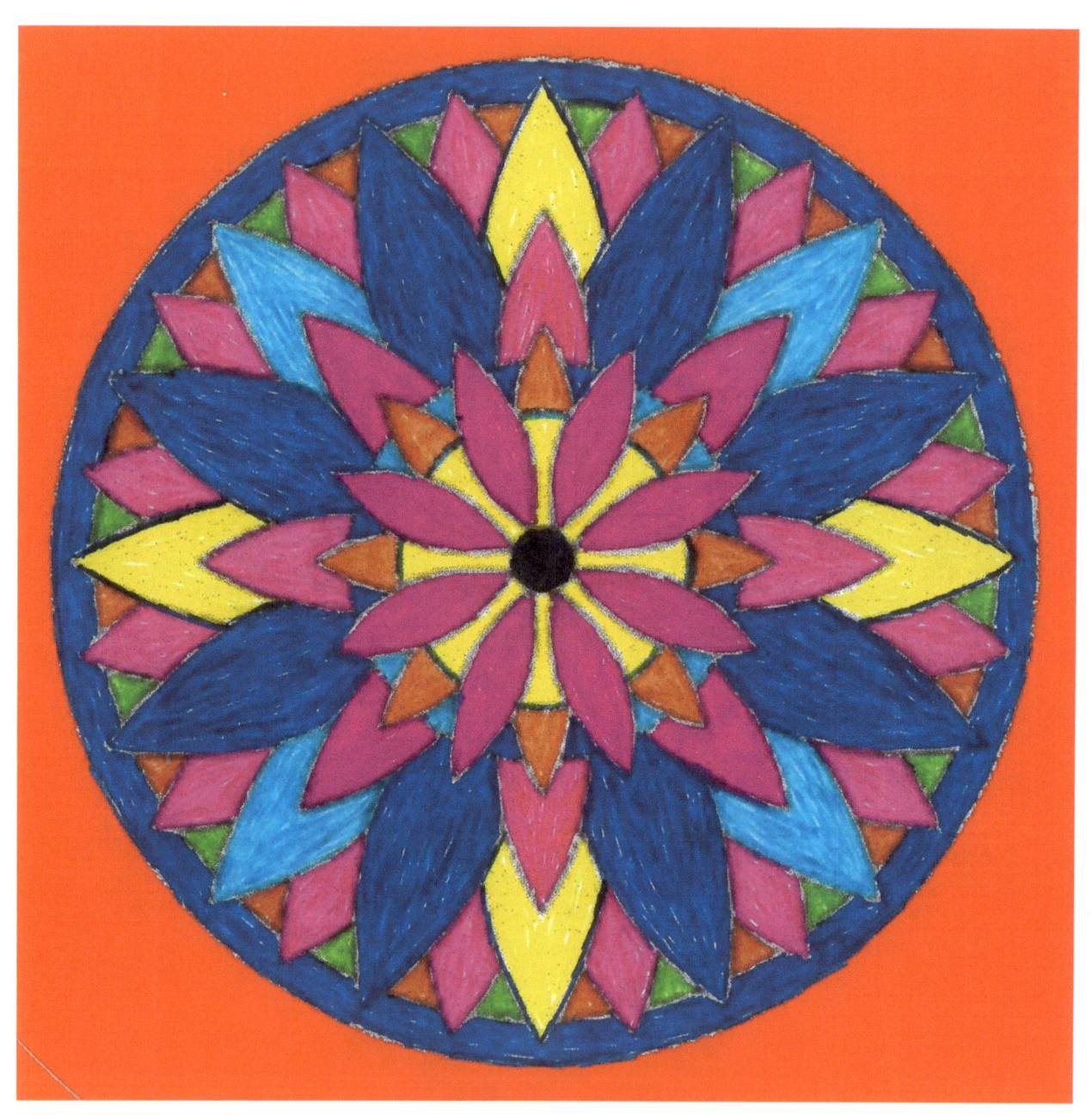

JULIA E. MELENDEZ

ENSALADA MEDITERRÁNEA

Ingredientes para cuatro personas

4 Tazas de perejil
3 Tomates pelados y picados en cubos sin semillas
1 Cebolla morada finamente picada
1 cucharada de cebollín picado
½ Taza de cous cous
½ Cucharadita de canela en polvo
½ Cucharadita de clavos de olor macerados
½ Cucharadita de cardamomo macerado
2 Cucharadas de jugo de limón
3 cucharadas de aceite de oliva
4 Cucharadas de hierbabuena picada
Sal al gusto

Preparación:

Rehidratar el cous cous en caldo con sustancia de pollo o carne. Cortar finamente todos los ingredientes y colocarlos en una ensaladera. Mezclar los condimentos y la sal sobre la ensalada para que se integren.

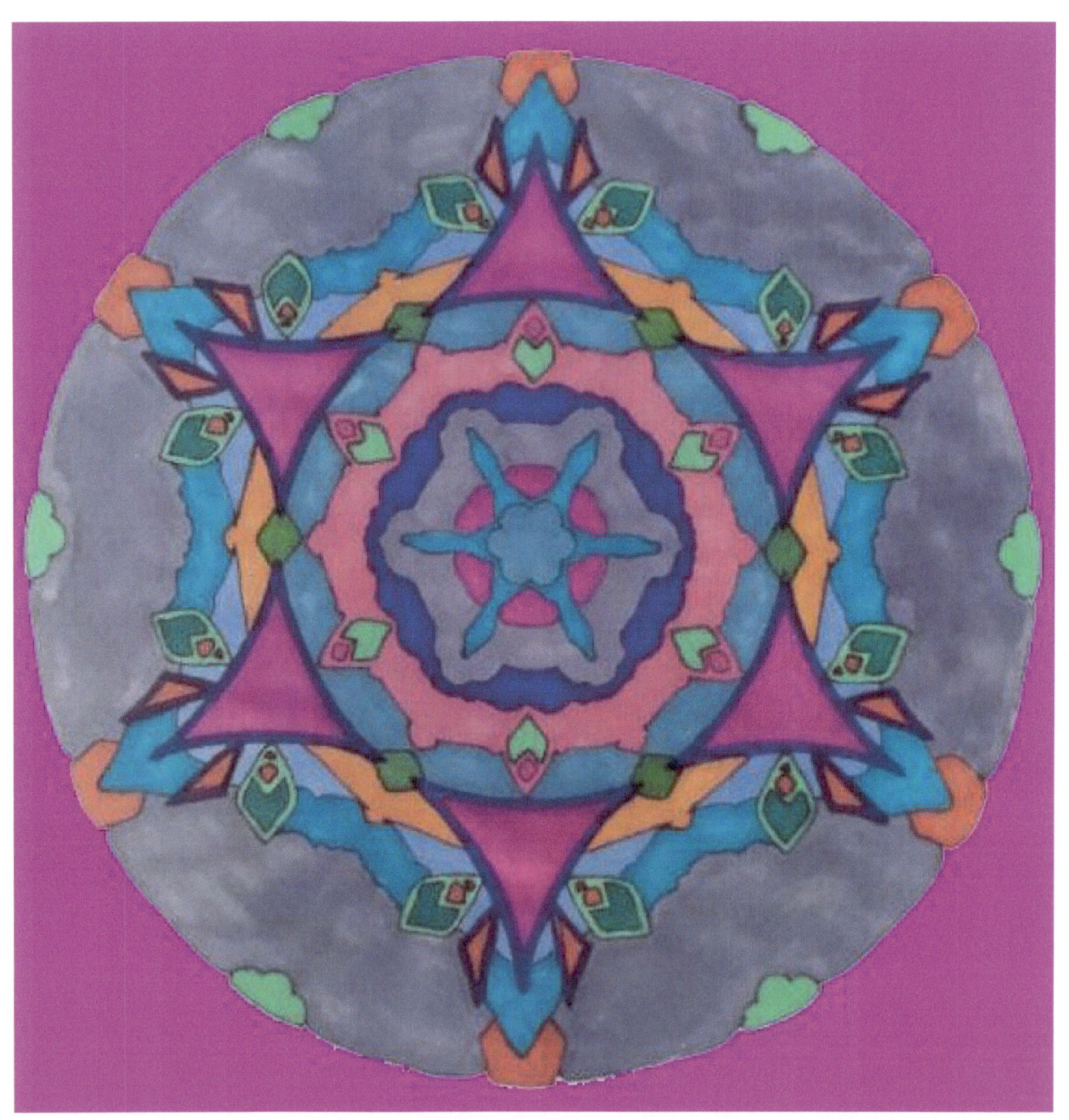

ESMERALDA TORRES

MOLDE DE PAPAS

PARA 8 PERSONAS

12 PAPAS SABANERAS COCINADAS SIN CASCARA Y CORTADAS EN RODAJAS.

3 HUEVOS DUROS CORTADOS EN RODAJAS

5 TOMATES CHONTOS CORTADOS EN RODAJAS

PEREJIL O CEBOLLETA FINAMENTE PICADA

40 GMS DE MANTEQUILLA

1 TAZA DE CREMA DE LECHE

3 CUCHARADAS DE QUESO PARMESANO RALLADO FINO

SAL Y PIMIENTA AL GUSTO

ENGRASAR CON LA MANTEQUILLLA UN MOLDE PARA LLEVAR AL HORNO. COLOCAR EN CAPAS LAS PAPAS, LOS HUEVOS Y LOS TOMATES. SALPIMENTAR.

MEZCLAR EL PEREJIL O LA CEBOLLETA CON LA CREMA, ESPARCIR SOBRE LA ULTIMA CAPA.

ESPOLVOREAR EL QUESO PARMESANO.

HORNEAR DURANTE 2

5 MINUTOS A 350.

DEBE DORAR.

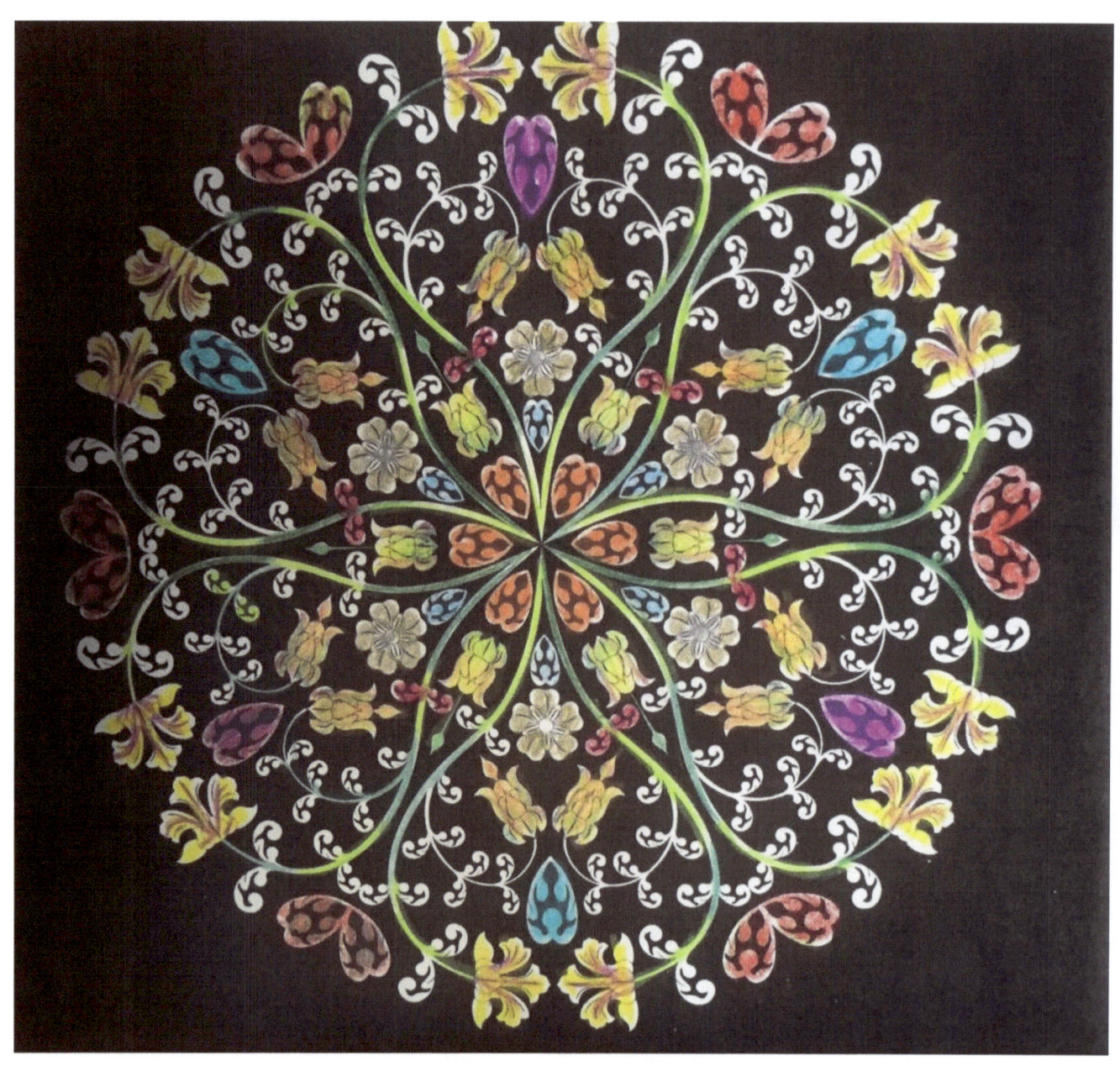

MARCELA ANZOLA

PASTA CON POLLO

2 CUCHARADAS DE MANTEQUILLA

1 CUCHARADA DE ACEITE

½ TAZA CEBOLLA CABEZONA FINAMENTE PICADA

2 TAZAS DE TOMATE PICADO

PIMIENTA AL GUSTO

1 CDITA PAPRIKA

1 CDITA MOSTAZA

2 TABLETAS CALDO MAGGY

1 CUCHARADA PEREJIL PICADO

6 PERNILES POLLOSIN PIEL

1 TAZA CHAMPIÑONES EN LAMINAS

CREMA DE LECHE AL GUSTO

SE COCINA EL POLLO EN AGUA CON EL CALDO MAGGY. CUANDO ESTE COCINADO SE SACA Y SE RESERVA EL CALDO. EN ESTE CALDO SE COCINA LA PASTA. PARTE SE HACE LAS SALSA ASI:

SE SOFRIE LA CEBOLLA EN ACEITE POR DOS MINUTOS, ADICIONAR TOMATES, PIMIENTA, PAPRIKA, MOSTAZA, UN POCO DE CALDO Y SE DEJA COCINAR, LUEGO SE INCORPORA EL POLLO Y SE COLOCA EN BAJO POR 15 MINUTOS. SE AGREGAN LOS CHAMPIÑONES Y SE DEJAN OTROS DOS MINUTOS, POR ULTIMO SE LE AÑADE CREMA DE LECHE AL GUSTO.

SE DECORA CON EL PEREJIL.

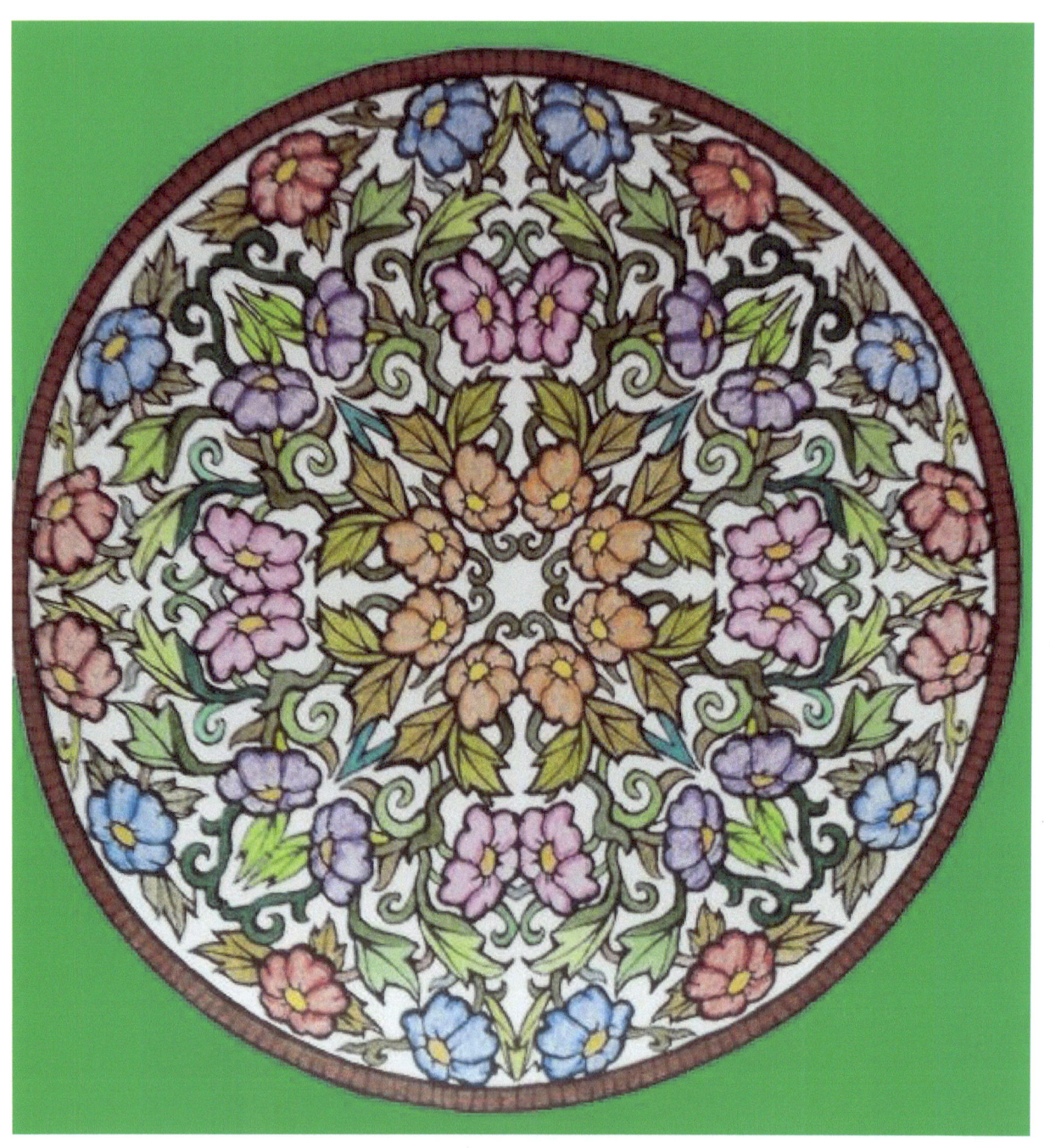

PILAR SOLANO

SANDUCHE DE QUESO

Ingredientes

Pan de molde

Queso mozarela o el que prefiera que derrita

Queso parmesano rallado

Huevo

Tocineta

Aceite

Sal y pimienta

Preparación

Tostar la tocineta partida en trocitos

Hacer el sanduche de queso con la tocineta

Batir el huevo agregar el queso parmesano sal y pimienta

Humedecer en el huevo el sanduche por ambos lados y dorar en el aceite caliente por ambos lados.

Para que no se separe puede colocarle dos palillos para mantener la forma.

A medida que van estando llévelos al horno a temperatura baja para servirlos caliente.,

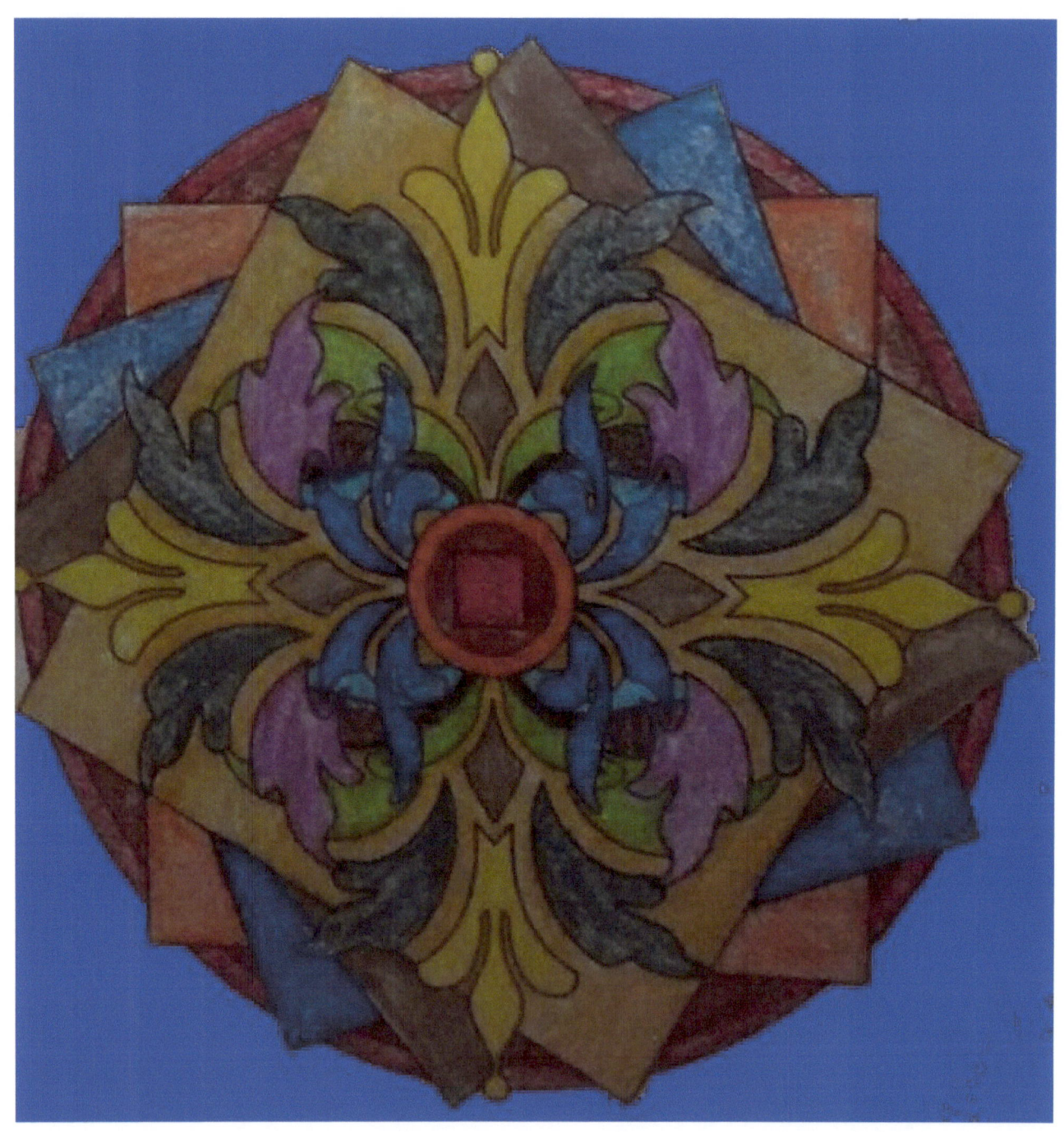

ANA MARIA AVILA

POLLO A LA MIEL

600 gramos de pechuga de pollo, sin piel, sin hueso y picada en tiras.
1/4 de cucharadita de pimienta negra molida.
1/2 cucharadita de sal gruesa (o fina si no tienes).
1/2 cucharadita de ajo en polvo.
1 cucharada de salsa de soja común.
1 cucharada de salsa inglesa.
1/2 cucharadita de mostaza simple, pero si usas dijón mejor.
1/2-3/4 de taza de harina de trigo todo uso.
1/4-1/2 taza de miel.
Aceite vegetal para freír

Instrucciones

Lo primero que vas a hacer es tomar todo el pollo y picar en tiras. La foto que ves abajo es la del pollo crudo, descongelado y como viene. Yo lo compro picado en trozos pero lo ideal es picarlo más aún. Las tiras las puedes hacer antes de hacer el marinado o después. En este caso lo hice después, pero si quieres que se marine y tome sabor más rápido, entonces pica antes.

Luego prepara la marinada. Si tú quieres puedes hacerla aparte, pero yo se la pongo toda encima del pollo. Añade la salsa de soja, la inglesa, mostaza, la sal, pimienta y ajo. El ajo puede ser sustituido por uno fresco si quieres. Los productos que usé fueron esos que ves debajo. La sal está en un envase que no es de ella, pero no importa.

Y aquí tienes el pollo con la marinada. Déjalo entre 30 minutos y una hora. Si queda más tiempo mejor. Mezcla bien para que se distribuya todo, tapa y mete en la nevera todo ese tiempo.

Cuando haya pasado el tiempo, saca de la nevera y agrega toda la harina. Mide el máximo, que son 3/4 de taza, pero si necesitas más o menos para que se cubra todo el pollo, no te de miedo de usar cuanto sea necesario. Como ves el pollo no tiene que quedar totalmente blanco, es solo para que quede crujiente al momento de freír. Es preferible que lo hagas así aunque queden pegados los pedacitos unos de otros porque si pasas cada tira de pollo por harina uno por uno vas a tardar demasiado tiempo.

Prepara tu caldero o una olla con suficiente aceite para freír. Pon el fuego alto para que se caliente muy bien. Cuando esté casi humeando ve poniendo trocitos de pollo a freír. En este momento los puedes separar unos de otros que por el paso anterior seguro se pegaron. Pero no te preocupes demasiado por esto. Como las tiras deben ser pequeñitas y delgadas, si el fuego está muy caliente, estarán listos en 3-4 minutos. Asegúrate que el aceite realmente esté caliente. Prueba poniendo un trozo de pollo dentro y que haga muchas burbujas como en la imagen porque si no quedan muy grasosos. Mientras todo se fríe busca un sartén y agrega ahí la miel. La cantidad de miel también dependerá de ti. Si quieres poner más porque lo quieres más dulce, hazlo. Si quieres menos también. Calienta el sartén para que la miel se ponga un poco más líquida. Cuando esté como la imagen de abajo puedes ir añadiendo todas las tiras de pollo que ya estarán fritas y sin el exceso de aceite. Debes ponerlas sobre papel absorbente. Agrega a la miel y saltea un poco, un par de minutos está bien. Solo queremos que la miel cubra el pollo. Saca y presenta.

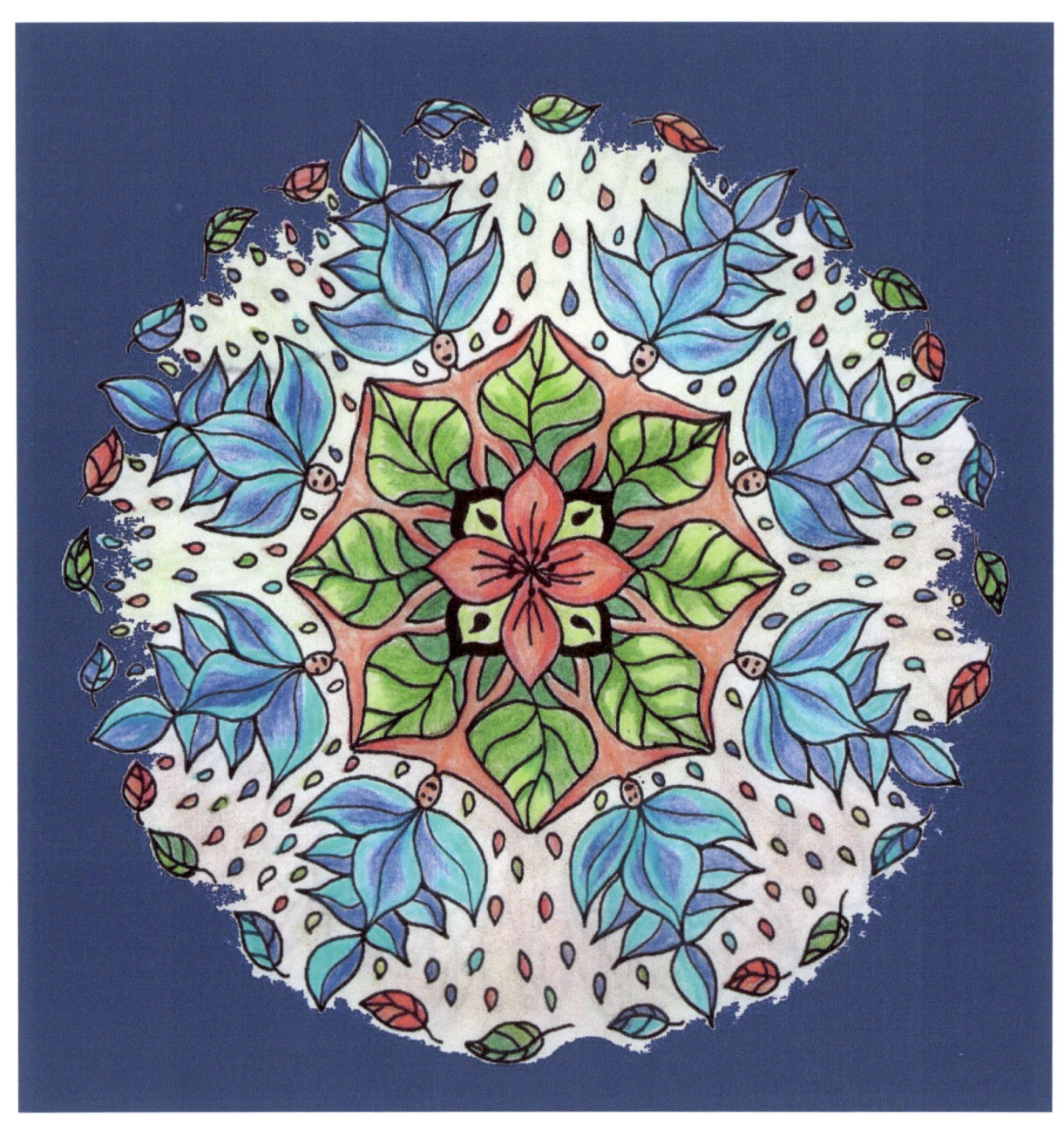

MARTHA V. ALVARADO

BIZCOCHO DE GELATINA DE LIMÓN

4 personas

Tiempo de preparación: 55 minutos
Ingredientes:
- 1 paquete de gelatina de limón
- 1 vaso de leche
- 1 vaso de azúcar
- 1/2 vaso de aceite suave
- 3 huevos
- 1 sobre de levadura
- 3 vasos de harina
- azúcar glas
Preparación:

Echar la leche en un recipiente hondo y añade el azúcar, el aceite, los huevos cascados uno a uno, luego la levadura, la harina y seguidamente echar la gelatina. Bate con la batidora todos los ingredientes, hasta que esté bien mezclado. Engrasa con aceite un molde, de base desmontable y vierte en él la masa obtenida. Mete el bizcocho al horno, ya caliente unos 20 o 25 minutos y cuando lo veas dorado, retírelo del horno. Después de desmoldar el bizcocho, si se quiere se puede espolvorear por encima un poco de azúcar en polvo. Se puede usar gelatina de otros sabores.

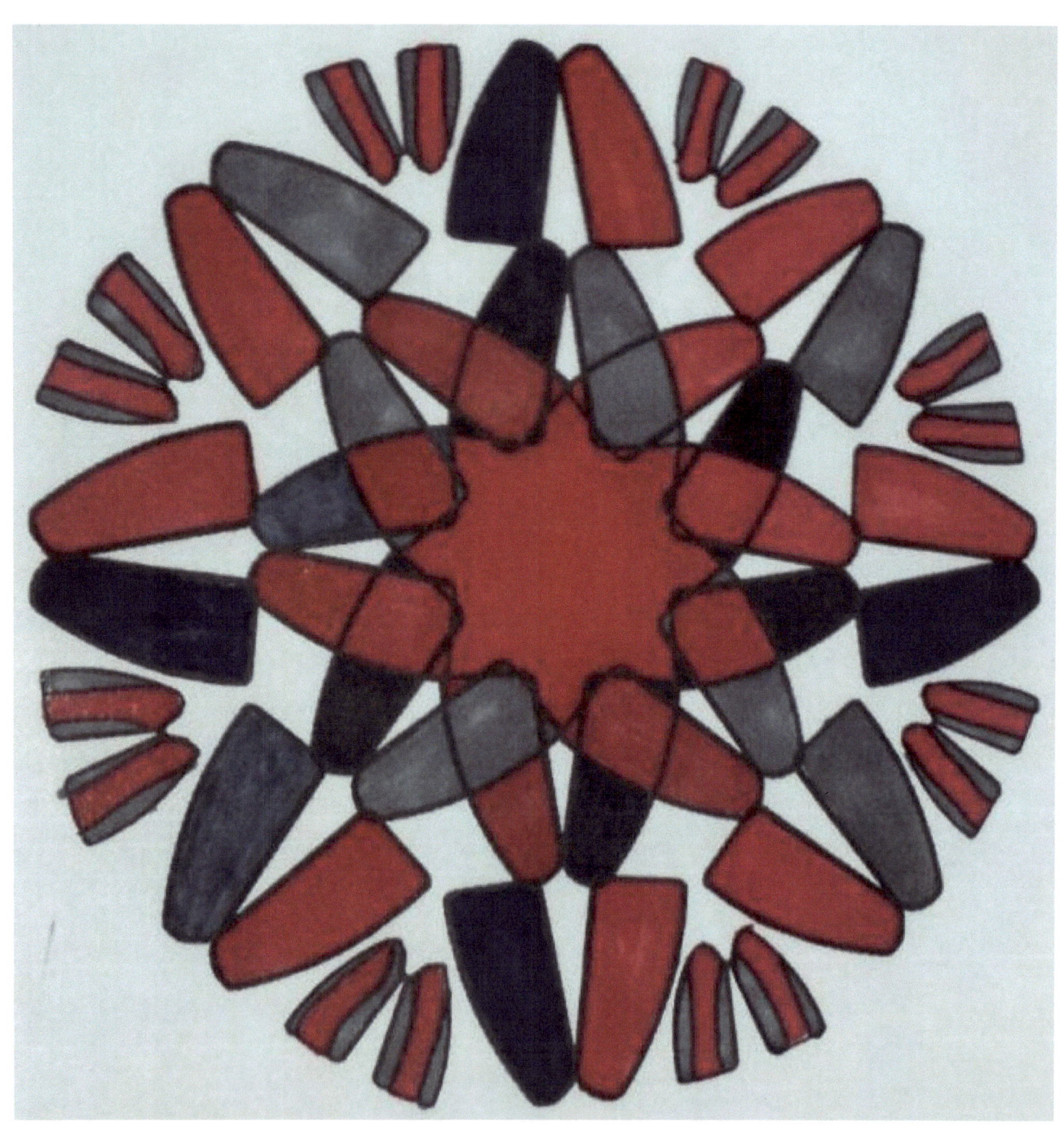

ESMERALDA TORRES

TORTILLA DE PAPA

3 papas medianas (alrededor de medio kilogramo)
1 cebolla mediana
4 huevos
Sal y pimienta a gusto
Aceite para fritar las papas

Comenzamos cortando las papas "a la española" (fetas de 4mm)

Una vez cortadas las papas, las fritamos hasta que se sequen (no es necesario dorarlas)

No es necesario, pero si quieres, puedes dejarlas como yo. De paso puedes usar papel absorbente para sacar un poco el aceite de las papas

Por ahora dejamos las papas ahí, esperando.

Mientras tanto, debemos cortar la cebolla en cubitos o media juliana...

Y ponerlos a dorar en un sartén, hasta que queden transparentes.

Mientras se doran, aprovecha para batir los 4 huevos en un bol, con sal y pimienta a gusto.

Una vez doradas las cebollas, agrega el huevo batido y las papas. Cocinamos a fuego mínimo/medio revisando con una espátula el fondo para que no se queme...Con la ayuda de un plato, tenemos que apoyarlo sobre la sartén y luego, dar vuelta la sartén sobre el plato. Después de eso tenemos que colocar la parte que estaba arriba sin cocinarse (ahora abajo) sobre la superficie de la sartén, para que se dore nuevamente.

Como ven a mi me gusta la parte de arriba (que será la de abajo cuando presente el plato porque la daré vuelta nuevamente) bien doradita.

Cocinamos a fuego lento por 5 minutos más... Sacamos, y presentamos el plato.

Puedes agregar un chorizo picado (lo cocinas junto a la cebolla)

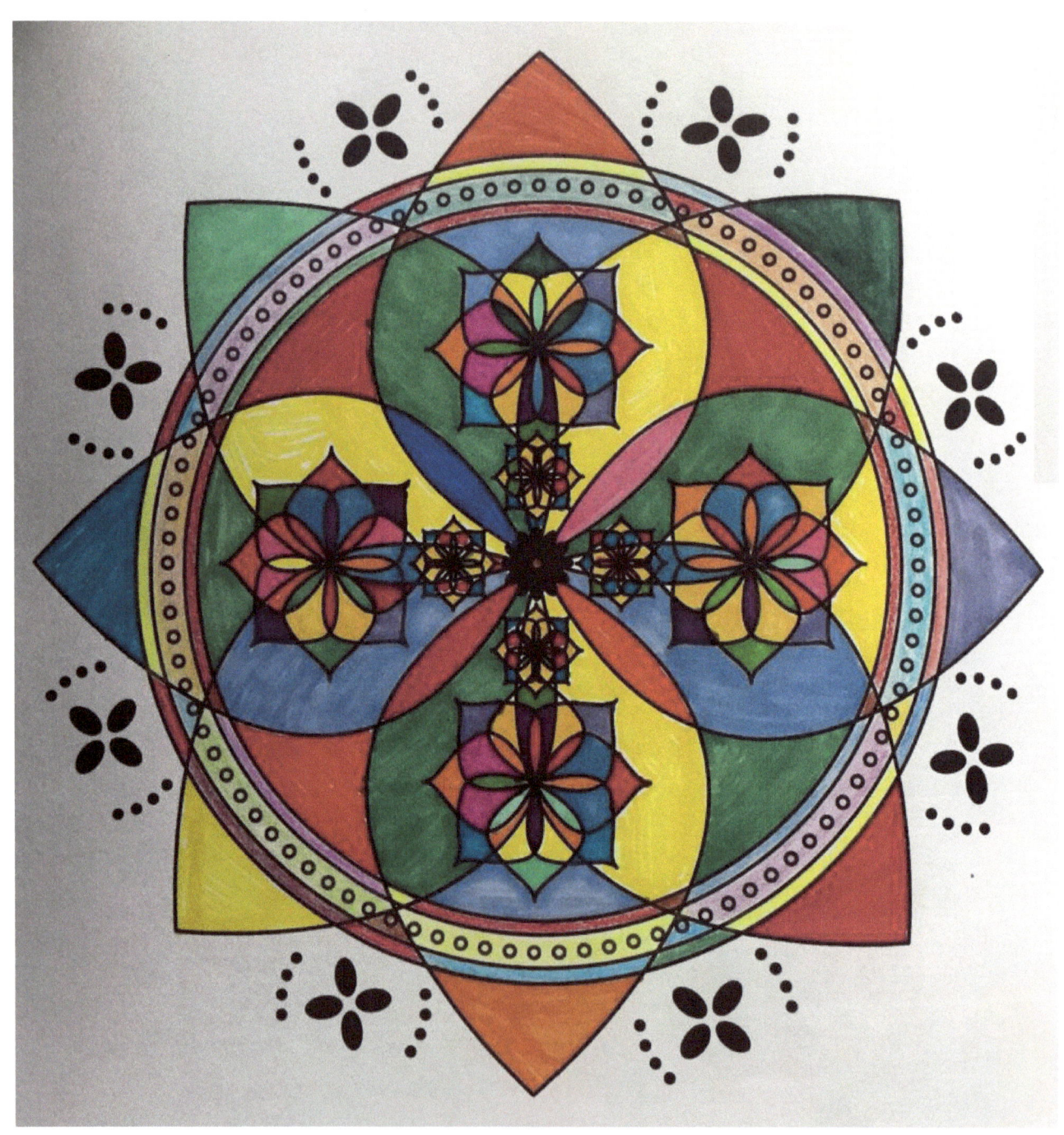

MARCELA ANZOLA

MOUSSE DE CHOCOLATE LIGHT

1 porción

200 gramos de chocolate negro
½ taza de agua
3 huevos
2 cucharaditas de edulcorante
Hoja de menta fresca (para decorar)
Instrucciones

Comenzamos a hacer nuestra receta de mousse de chocolate light derritiendo el chocolate negro (sobre todo tiene que ser negro porque no tiene azúcares añadidos). Tendremos que mezclarlo junto a la media taza de agua y cocinarlo al baño María.

Una vez listo, tendremos que dejarlo enfriar a temperatura ambiente durante unos 10 o 15 minutos. A continuación tendremos que coger los 3 huevos y separar las claras de las yemas; añadiremos las 3 yemas en la mezcla y removeremos con la ayuda de una cuchara de madera para que todos los ingredientes se integren perfectamente.

Seguidamente, tendremos que coger las 3 claras que nos han quedado separadas y batirlas con una batidora eléctrica o unas varillas. Tienen que quedar a punto de nieve y, cuando estén listas, tendrás que añadirle edulcorante y removerlo bien para que los ingredientes estén bien mezclados. Cuando esté listo, es el momento de añadir la mezcla del chocolate que teníamos preparada y removerlo todo con la ayuda de una cuchara de madera. Sobre todo tienes que procurar que la pasta resultante sea homogénea y no quede ningún grumo. Cuando los tengas listos, tan solo tendrás que verter esta mezcla en moldes individuales perfectos para unas mousse de chocolate e introducirlo en el frigorífico, al menos, durante 4 horas.

Transcurrido este tiempo, sácalos de la nevera y pincha con un palillo para comprobar que la textura está esponjosa, en caso de que aún esté un poco líquida, vuelve a meterlo y deja que se enfríe más tiempo. Para darle el toque final a nuestra mousse de chocolate light puedes decorarla con una hoja de menta fresca,

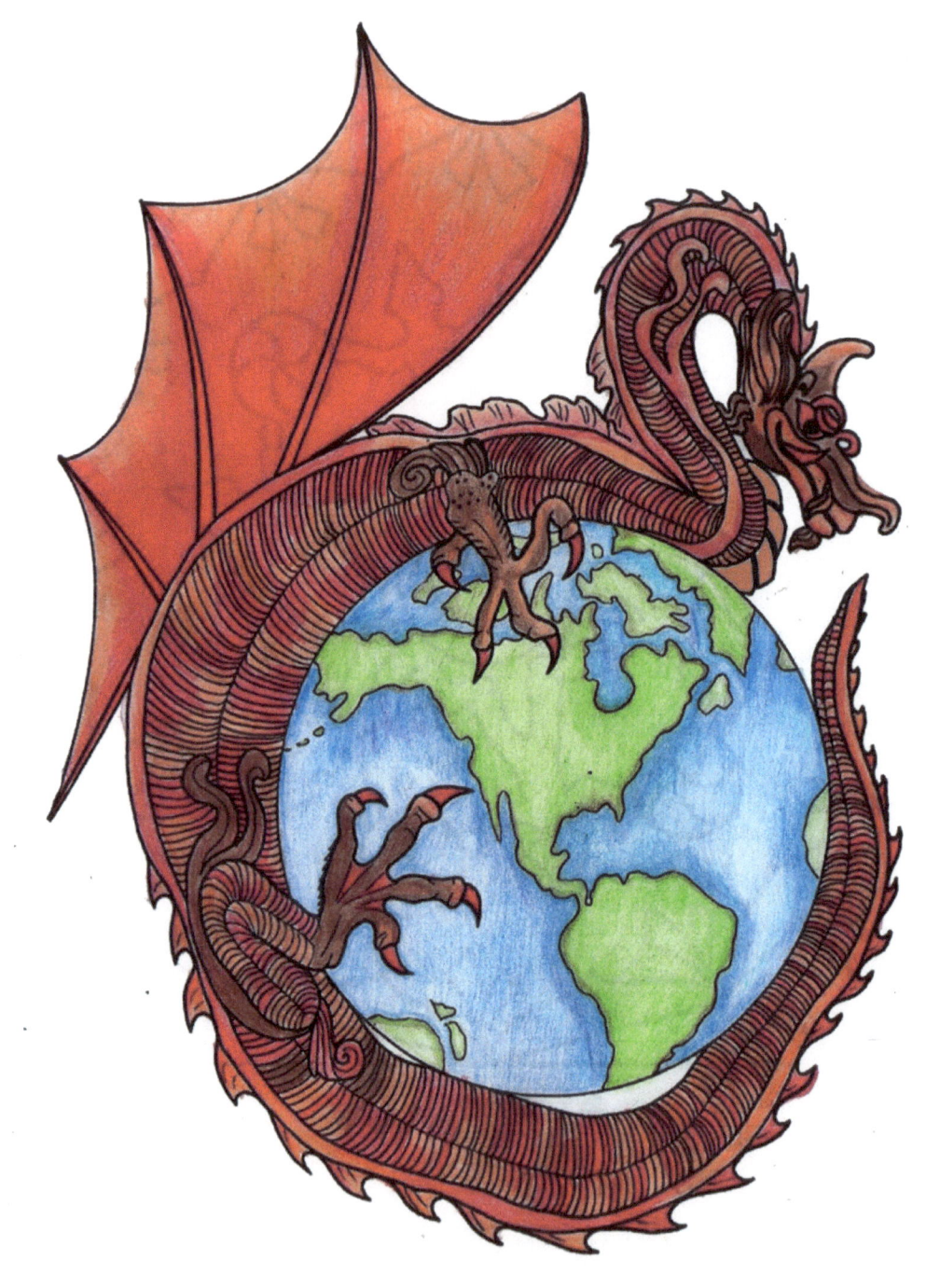

MARTHA V. ALVARADO

PATÉ DEL MAR

4 personas

Tiempo de preparación: 5 minutos
Ingredientes:
- 7 langostinos cocidos
- 7 palitos de cangrejo(chaca)
- 1 huevo cocido
- 3 cucharadas de mayonesa
- 1 tarrina de queso philadelphia

Preparación:

Batir todos los ingredientes con la batidora(yo le añadí un chorro de brandy) y dejar en el frigorífico un ratito y listo. Delicioso para servir untado en panecillos.

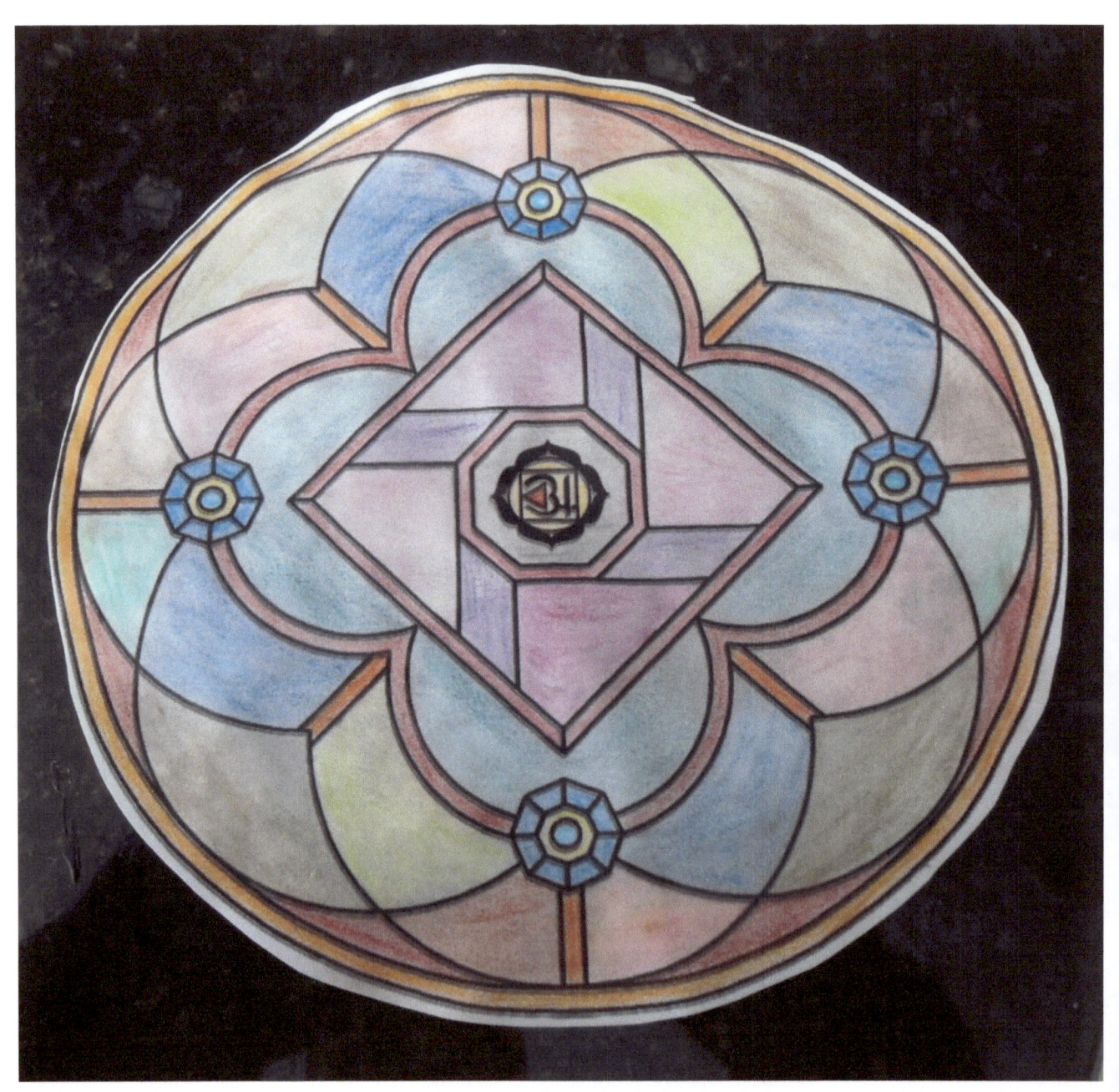

CLAUDIA MORENO

FLAN BAJO EN CALORÍAS

6 personas

4 huevos
1/2 taza de edulcorante
2 vasos de leche desnatada
1/2 cucharada de esencia de vainilla (opcional)

Instrucciones

Lo primero para saber cómo hacer flan bajo en calorías es poner la leche con unas gotas de esencia de vainilla en una olla al fuego y dejar que hierva. Mientras está en el fuego, aparte deberemos batir los huevos con el resto del azúcar y justo cuando la leche empiece a hervir, echaremos esta mezcla en la olla.

Mientras la leche está hirviendo, deberás coger los moldes para los flanes y echar un poco de edulcorante en el fondo con unas gotas de la esencia de vainilla; lo ideal es que los moldes sean metálicos pues tenemos que acercarlos un poco al fuego para que se caramelice la mezcla. Cuando veamos que se ha endurecido, deberemos apartarlos y dejar que se enfríen.

La olla deberá estar en el fuego durante unos 10 minutos durante los cuales deberemos ir removiendo para que la mezcla se vuelva homogénea. Transcurrido este tiempo, retiraremos la olla del fuego y llenaremos los moldes para nuestro flan bajo en calorías.

Para finalizar, deberemos colocar los moldes en un recipiente para cocinar al baño María y dejarlo al fuego durante, aproximadamente, 30 minutos. Para saber cuándo debemos retirar el flan bajo en calorías lo ideal es pincharlos con un tenedor pequeño y cuándo veamos que la aguja sale limpia, es cuando debemos sacarlos. Deja enfriar el flan bajo en calorías durante, al menos, 1 hora para que tenga la temperatura idónea para ser degustados. Si quieres darle un toque más nutritivo a tu postre light, acompaña el flan con un poco de fruta de temporada.

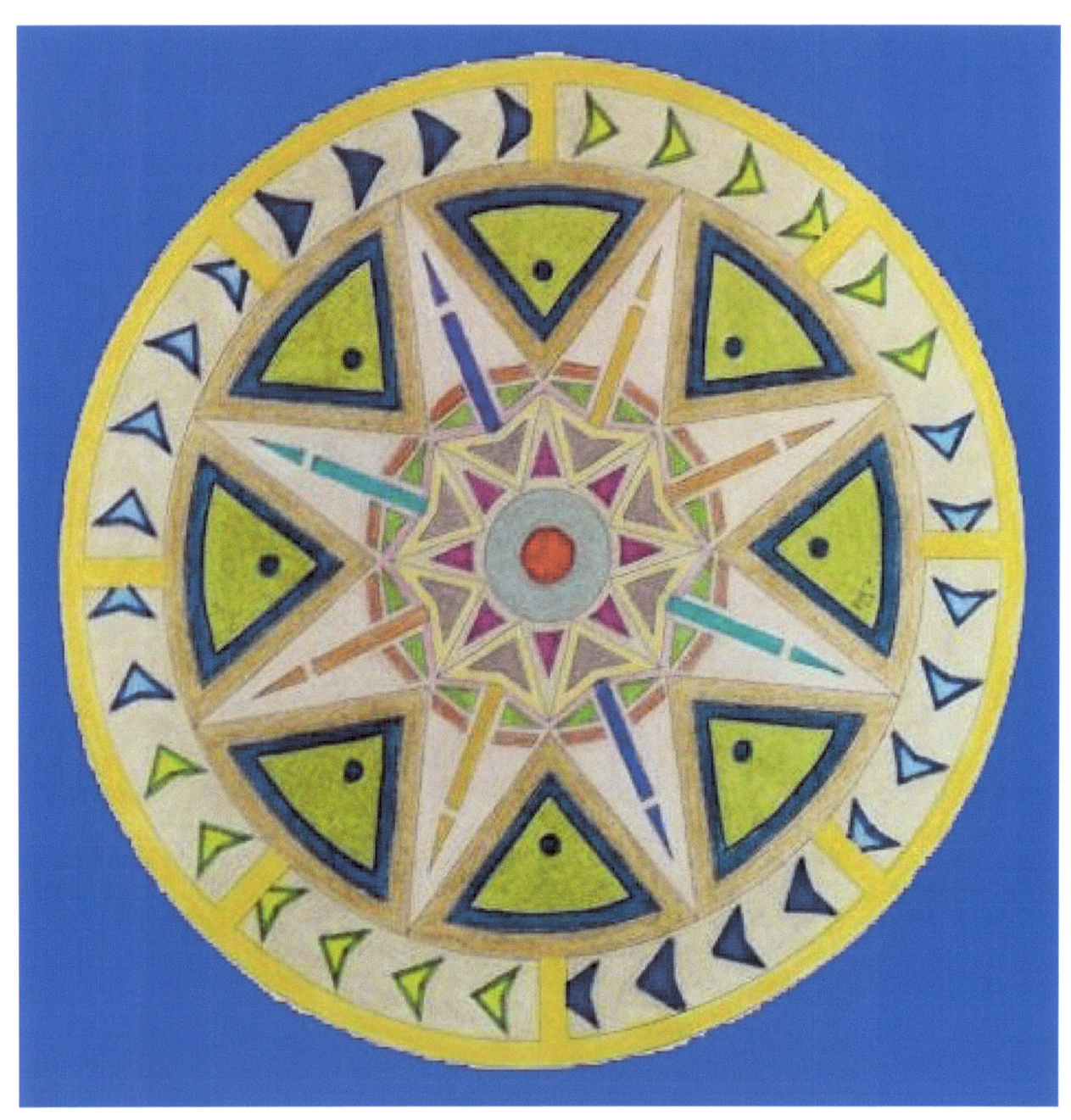

PILAR SOLANO

ESPINACA CON HUEVO

2 personas

500 gramos de espinacas congeladas
4 huevos
1 cucharada de pasas (opcional)
2 quesitos en porciones
2 cucharadas de aceite de oliva

Instrucciones

Para saber cómo hacer espinacas con huevo lo primero es poner a cocer las espinacas en una olla con agua y sal durante, como mínimo, 10 minutos que es el tiempo que tardan en descongelarse y en cocerse. Cuando estén listas, deberás escurrir muy bien las espinacas hasta que suelten todo el agua impregnada.

A parte, deberás poner las pasas en remojo con agua tibia, sólo en el caso de que quieras aderezar esta receta con las pasas: es un paso totalmente opcional.

A continuación deberás coger una sartén y echar las dos cucharadas de aceite, cuando esté caliente, deberás mezclar las espinacas con las pasas durante un par de minutos. Transcurrido este tiempo, deberás colocar los ingredientes en una fuente apta para el horno rociada con un chorro de aceite para evitar que se peguen las espinacas.

Antes de meter la fuente en el horno, deberás trocear los quesitos y echarlos sobre las espinacas; después, deberás verter los huevos enteros encima de todos los ingredientes y espolvorear una pizca de sal.

Por último, introduce la fuente de espinacas con huevo en un horno pre-calentado a 200º y deja que se cocinen durante, al menos, 10 minutos. El truco consiste en ir comprobando si las yemas se endurecen pues, en el momento en el que estén hechas, deberemos sacar la receta del horno y servir inmediatamente para evitar que se reseque.

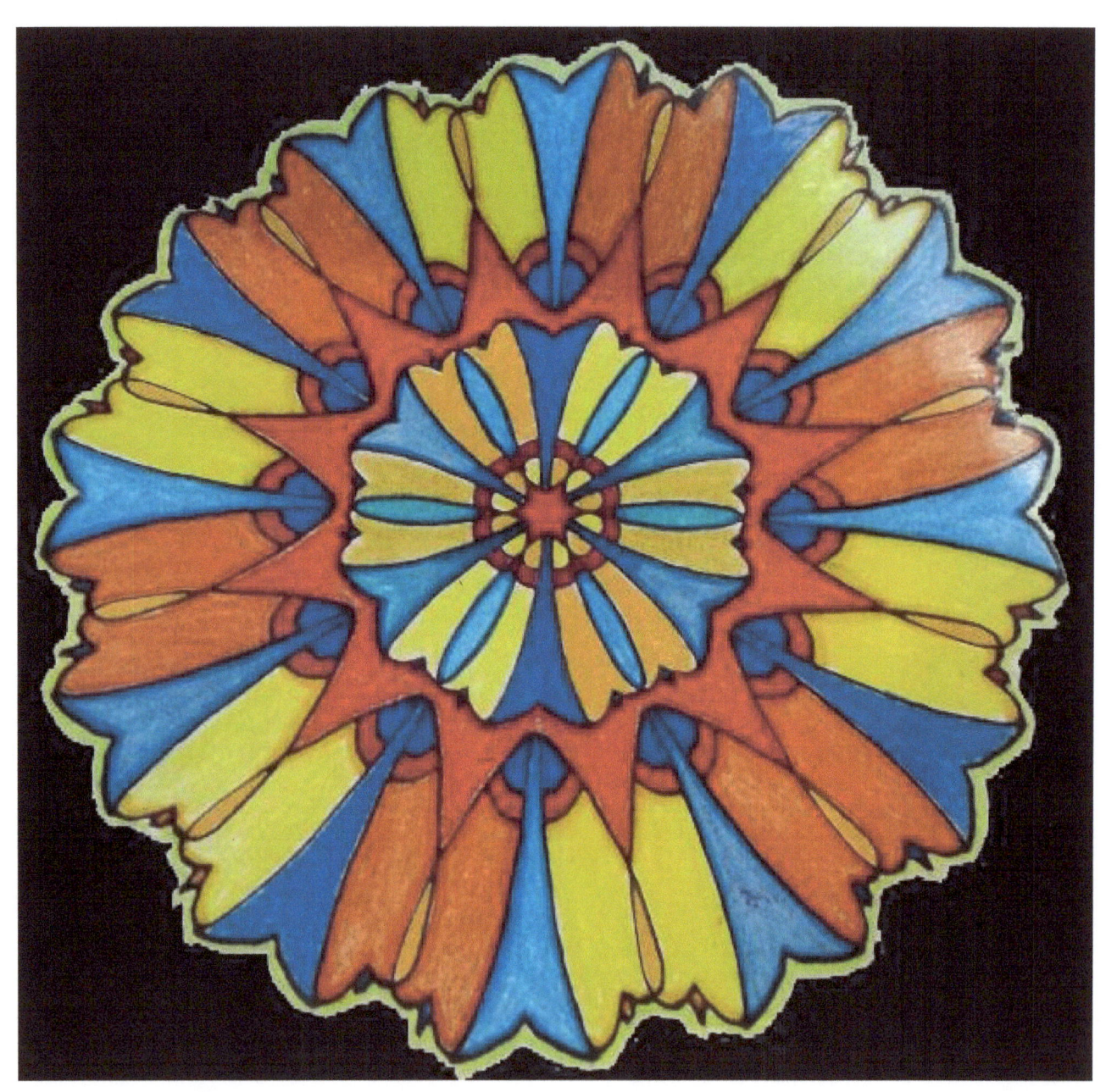

ESMERALDA TORRES

SALSA A LA PUTANESCA PARA PASTA

500 gramos de tallarines o cintas (100 gramos por persona)
50 cc de aceite de oliva
750 gramos de tomates peritas pelados (pueden ser en lata)
1 cucharada de alcaparras grandes
100 gramos de aceitunas negras sin carozo
10 filetes de anchoa en aceite picadas
1 cucharada de orégano fresco
3 cucharadas de perejil fresco picado fino
3 dientes de ajo bien picados
Sal, azúcar y pimienta a gusto
Instrucciones

Ponemos el aceite en una sartén a fuego medio, allí agregamos el ajo y revolvemos muy rápido (hay que tener cuidado de que no se quemen).

Cuando se doraron agregamos los tomates peritas, que deberán estar previamente cortados o triturados. Si los tomates no tiene mucha agua y vemos que se nos va a quemar agregamos unos 100 cc de agua.

Luego de esto agregamos las aceitunas y las alcaparras y dejamos cocinar por unos 12 minutos. Cuando va tomando un rico aroma agregamos las anchoas, al azúcar, el orégano y la pimienta y dejamos cocinar por 5 minutos.

Intenta no revolver la salsa para que no se desarmen las anchoas (si revuelves y se desarman el sabor se desparramará en toda la salsa de una manera mucPor otro lado debemos cocinar las pastas, en agua caliente con sal y un poco de aceite.

Cuando estén al dente escurrimos y agregamos 1/5 de la salsa en cada porción de fideos.

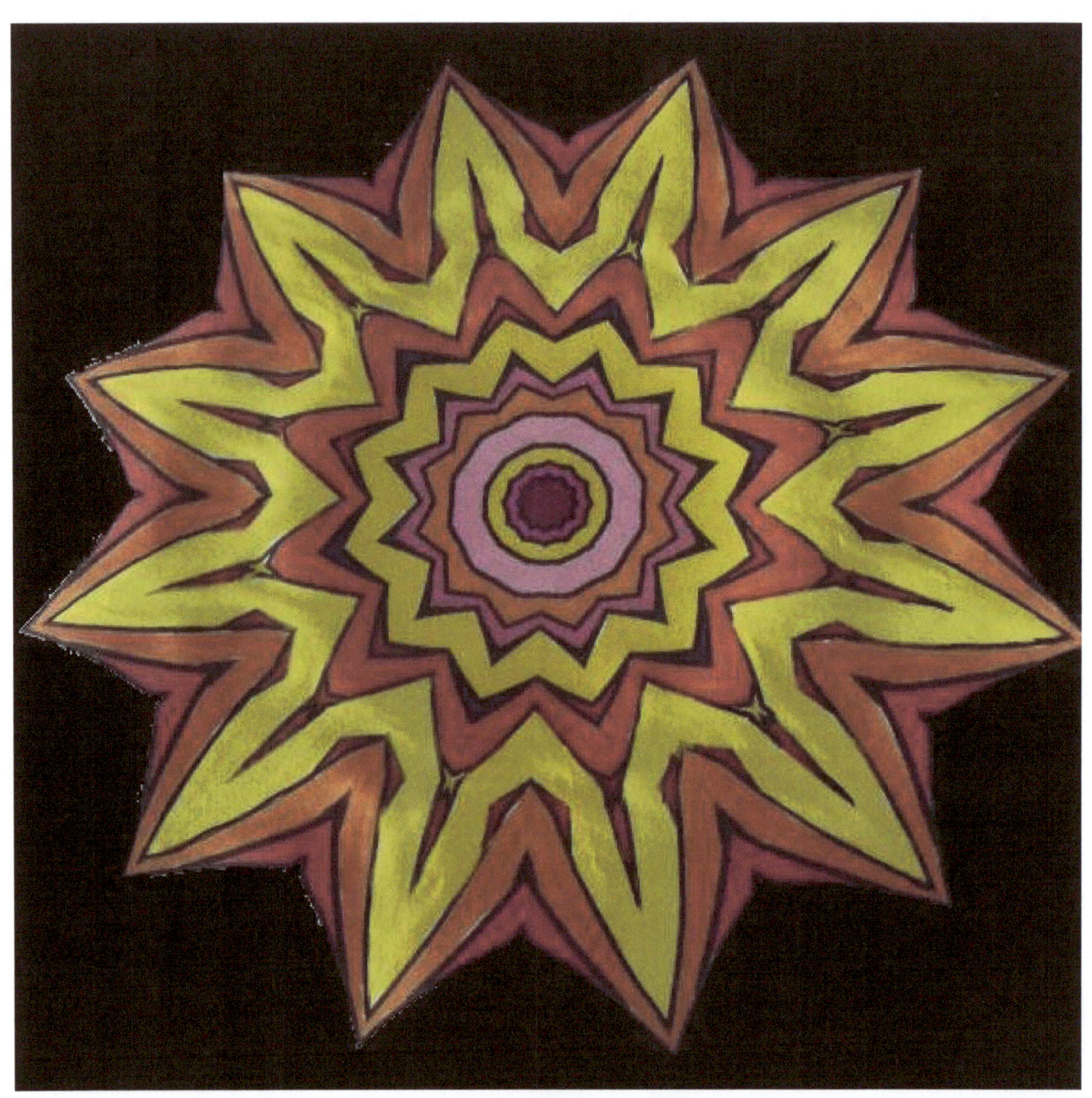

ESMERALDA TORRES

GALLETAS DE MANTEQUILLA

4 personas

Tiempo de preparación: 50 minutos

Ingredientes:

- 1 taza y 3/4 de harina
- 1/2 cucharadita de levadura
- 1/2 cucharadita de bicarbonato
- 1/2 taza de mantequilla
- 1 taza de azucar
- 1 huevo
- 1 cucharadita de vainilla
- 1/4 de taza de leche
- pepitas de chocolate
- almendras
- avellanas
- cerezas confitadas

Preparación:

Precalentar el horno a 190º. Mezclar la harina con el bicarbonato y la levadura y pasarlo por un colador para airearlo. Batir la mantequilla con el azúcar hasta que quede muy ligera, agregar el huevo y mezclar bien, incorporar la vainilla. Agregar gradualmente la harina a la mantequilla batida e ir incorporando lentamente la leche. En una bandeja para el horno poner papel vegetal e ir echando cucharaditas de la pasta dejando bastante espacio entre ellas, colocar en el centro los frutos secos o el chocolate y meter al horno de 8 a 10 minutos, dejar enfriar y colocar en una fuente. Guardarlas en un recipiente que se pueda cerrar herméticamente, para que no se ablanden.

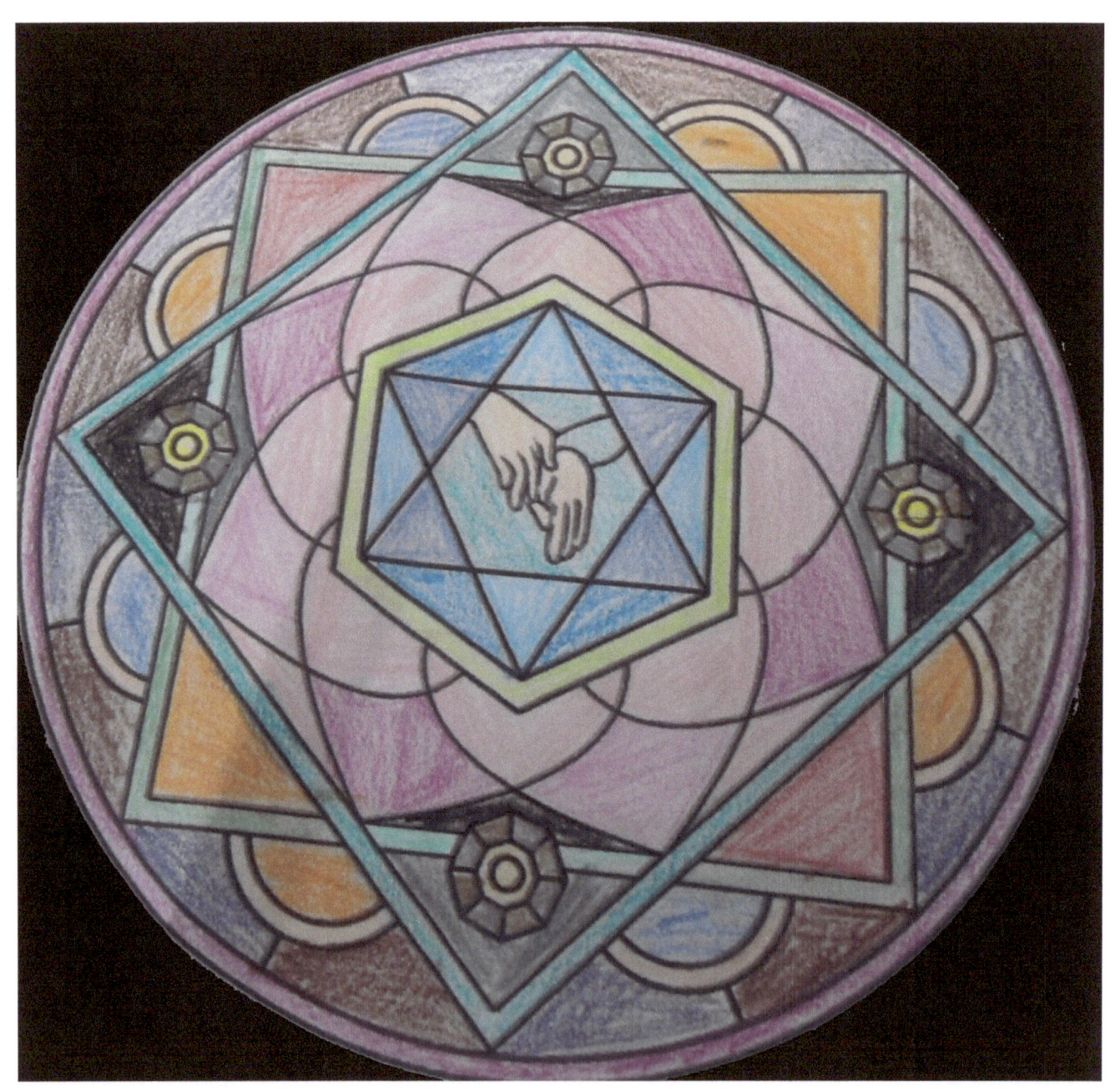

CLAUDIA MORENO

POLLO CON ARROZ BASMATI

6 personas

Ingredientes:

2 pechugas de pollo
3 cebolletas
400 g de arroz basmati
250 g de tomates cherry
600 ml de caldo de ave
El zumo de 1 limón
100 g de piñones
12 c.s. de aceite de oliva
1 c.s. de perejil picado
1 c.s. de cilantro picado
1 pizca de pimentón
Sal
Pimienta
Unas cuñas de limón para acompañar

Preparación:

Cortar las pechugas en tiras de 2 x 7 cm. Echar en una ensaladera el zumo de limón, 6 c.s. de aceite, el perejil, el cilantro, el pimentón, sal y pimienta recién molida. Mezclar y sumergir los trozos de pechuga de pollo. Pelar las cebolletas, picarlas con un poco de su parte verde y rehogarla 5 min en una cazuela con 2 c.s. de aceite. Añadir el arroz y una pizca de sal y de pimienta y rehogar 2 min. Bañar con el caldo, llevar a ebullición y cocer a fuego medio 14 minutos. Lavar los tomatitos, cortarlos en cuartos y dorarlos en una sartén con 2 c.s. de aceite. Tostar los piñones en otra sartén y añadirlos al arroz con los tomatitos. Dorar los trozos de pollo 1 minuto por cada lado en una sartén con 2 c.s. de aceite. Escurrir y echar en la cazuela del arroz. Llevar la cazuela a la mesa, repartir en cuencos y acompañar con unas cuñas de limón.

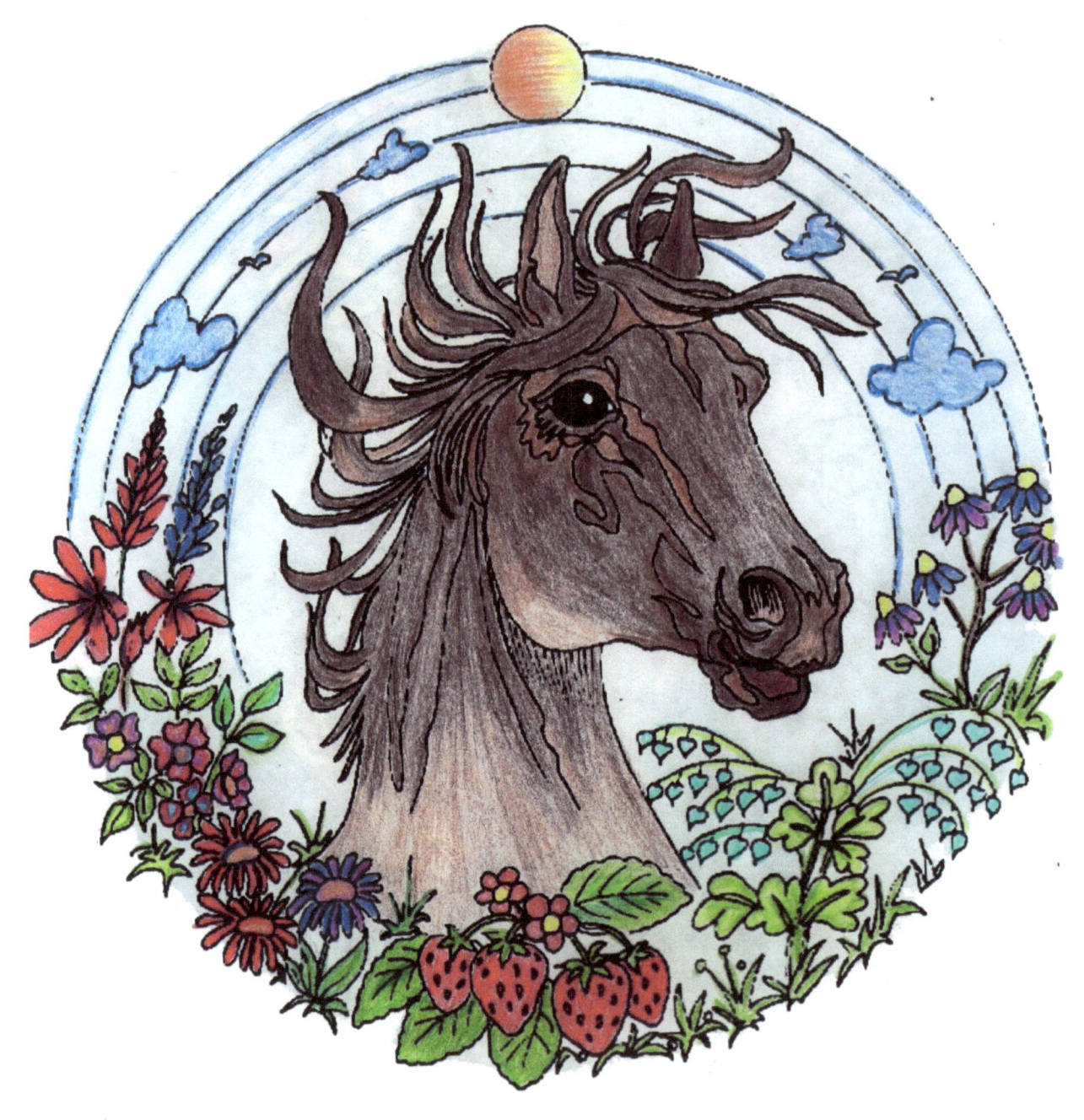

MARTHA V. ALVARADO

MUSLITOS DE POLLO CON MANZANA

4 personas

Tiempo de preparación: 30 minutos
Ingredientes:
- 12 muslitos de pollo
- 3 ó 4 manzanas
- 1 pastilla de caldo de pollo
- 1 copa de brandy
- 1/2 cucharadita de curry
- 6 lonchas de tocineta
- aceite
- pimienta

Preparación:

Poner a freír los muslos en una cazuela, cuando estén dorados añadir la pimienta, el brandy, el curry, la pastilla de caldo y un poco de agua. Dejar cocer unos 20 minutos, mientras poner en una sartén con muy poco aceite el tocineta cortado en trocitos, y la manzana cortada en gajitos finos, dorarlo unos minutos y cuando le quede poco al pollo añadírselo y dejar cocer unos minutos. Se puede pasar la salsa...acompañar de patatas fritas

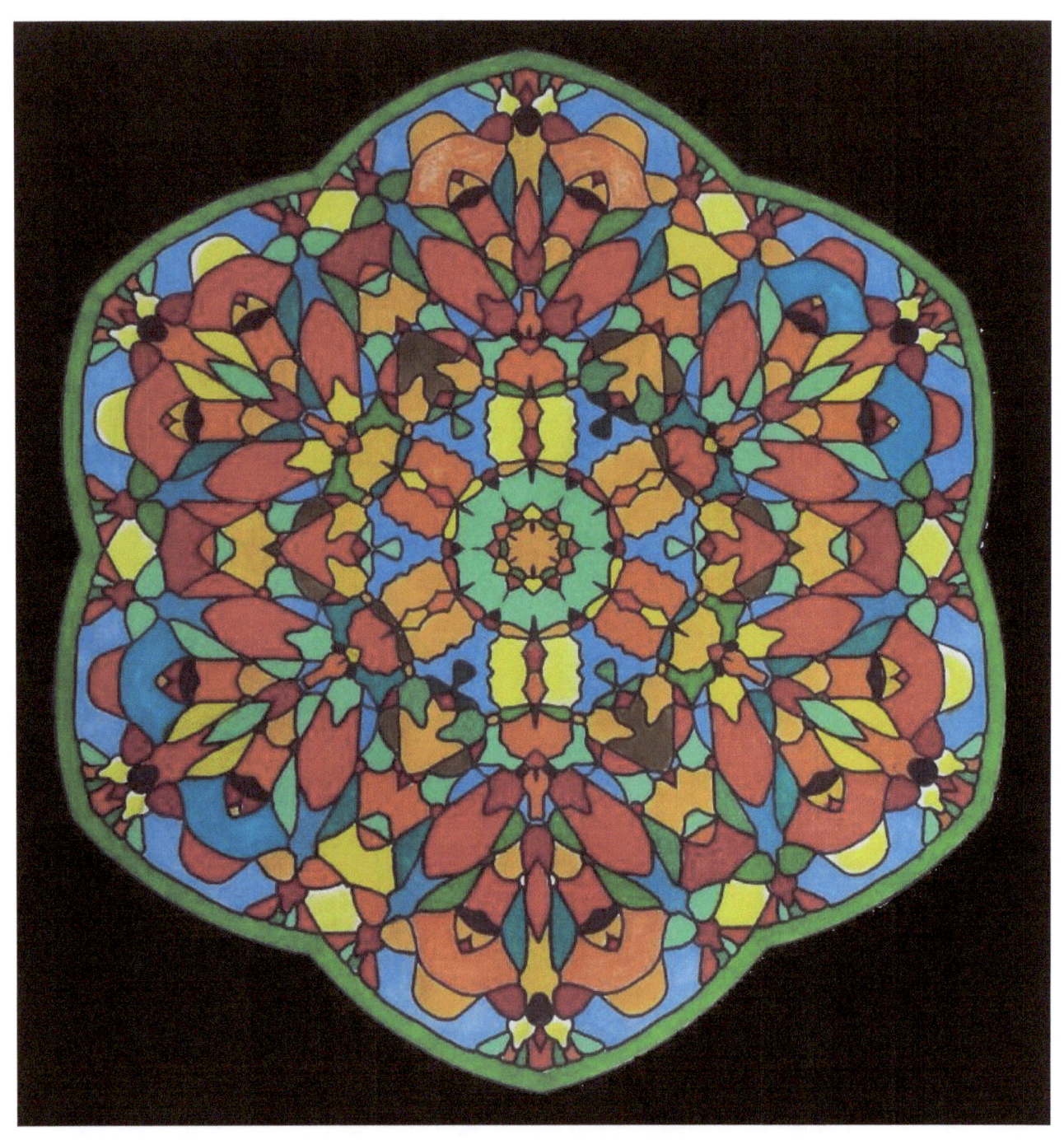

ESMERALDA TORRES

INDICE